나보다
우리가
똑똑해

나보다 우리가 똑똑해

3판 1쇄 발행 2024년 8월 1일
3판 2쇄 발행 2025년 11월 1일

글―박현희
그림―문신기
편집디자인―최미영
종이―신승지류유통(주)
인쇄 제본―상지사 P&B
펴낸곳―도서출판 나무야
펴낸이―송주호
등록―제307-2012-29호(2012년 3월 21일)
주소―(03424) 서울시 은평구 서오릉로 27길 3, 4층
전화―02-2038-0021
팩스―02-6969-5425
전자우편―namuyaa_sjh@naver.com
인스타그램―@namuyabook

ISBN 979-11-88717-35-4 73320
ⓒ박현희

- 이 책 내용의 전부 또는 일부를 재사용하려면 반드시 저작권자와 도서출판 나무야 양측의 동의를 받아야 합니다.
- 책값은 뒤표지에 표시되어 있습니다.

나보다 우리가 똑똑해

박현희 지음 | 문신기 그림

Namuyaa Publisher

차례

글을 시작하며 | 우리 앞에 놓인 두 갈래 길 • 10

1. 협동은 힘이 세다 • 17

우리가 최선을 다하는 까닭 | 모두의 것은 결국 누구의 것도 아닌 것이 된다

공유의 비극을 넘어서 | 협동하는 생물이 살아남았다

협동을 가장 잘하는 생명체 | 합치면 더 큰 힘을 낼 수 있다

그래도 경쟁이 있어야 최선을 다하지 않을까? | 말라리아 치료약, 키니네

2. 문제를 해결하는 여러 가지 방법 • 47

아내를 살리기 위해 약을 훔친 하인즈 씨 | 문제를 해결하는 방법 ① 서로 돕는 마음

문제를 해결하는 방법 ② 지혜로운 판결 | 이것만으로는 충분하지 않다

문제를 해결하는 방법 ③ 국민건강보험 | 문제를 해결하는 방법 ④ 비싼 약값 규제하기

문제를 해결하는 방법은 여러 가지 | 유니폼 프로젝트 _ 쉬나 이야기

하나 사면 하나를 기부한다 _ 블레이크 마이코스키, 탐스 슈즈 이야기

'위안부' 할머니들을 위한 마리몬드

3. 협동조합이 더 좋아 • 79

협동조합이 뭘까? | 계란값 폭등에도 안심! | 경제 위기에도 안심!

주식회사가 뭘까? | 주식회사, 무엇이 문제일까?

협동조합과 주식회사, 어떻게 다를까?

4. 세계의 협동조합, 경쟁하지 않고 협동하면 무엇이 달라질까? • 107

협동조합의 종류 | 세계에는 어떤 협동조합이 있을까?

글을 마치며 | '나'보다 '우리'가 똑똑하다 • 129

글을 시작하며

우리 앞에 놓인 두 갈래 길

2016년 3월, 세계인은 한국에서 벌어지는 세기의 바둑 대결에 주목했습니다. 바둑 대결에 그토록 많은 관심이 집중된 것도 처음이었을 것입니다. 그렇게 많은 이들이 관심을 가진 이유는 이 대결이 사람과 사람의 대결이 아니었다는 것입니다. 한국이 자랑하는 바둑 고수 이세돌과 5판의 대국을 펼친 것은 사람이 아니라 컴퓨터였습니다. 구글이 개발한 인공지능 알파고였죠.

이 세기의 대국이 예고되자 누가 최종 승리자가 될 것인가를 두고 온 나라가 술렁였습니다. 저마다 이세돌이 이길 것이다, 아니다 알파고가 이길 것이다, 하며 엇갈린 의견을 내놓았습니다. 결과가 어땠는지 기억하나요?

이세돌은 3판을 내리 지고 네 번째 판에서 1승을 거둔 뒤 다섯 번째 판에서 다시 졌습니다. 1:4! 인간과 인공지능의 대결 결과였습니다.

인공지능과 인간이 대결을 벌인 것은 이번이 처음은 아니었습니다. 체스 게임, 퀴즈 게임 등에서 인공지능과 인간은 여러 차례 대결을 벌여 왔습니다. 그리고 여러 차례에 걸친 대결의 결과는 늘 인공지능의 승리였습니다.

인공지능은 지금도 발전에 발전을 거듭하는 중입니다. 이세돌과의 대국에서 4승 1패의 전적을 보여 주었던 알파고는 그 뒤 능력을 점점 더 키워 나가면서 여러 바둑 대가들과의 대결에서 승리했습니다. 최근에는 인간 프로바둑기사들이 알파고의 바둑을 보며 배우는 단계에 이르렀다고 합니다.

이 일을 계기로 우리는 인공지능이 얼마나 높은 수준으로 발달해 왔는지를 알게 되었습니다. 우수한 인간의 능력을 뛰어넘는 더 우수한 능력! 인공지능이 보유한 이 막강한 능력이야말로 인류의 미래를 밝혀 줄 것이라는 희망을 품게 되었죠. 어렵고 힘든 일은 기계에게 맡기고, 우리 인간은 좋아하는 일을 하면서 삶을 즐길 수 있게 될 테니까요.

예를 들어 볼까요? 어려운 외국어 공부, 이제는 필요 없게 될지도 모릅니다. 인공지능이 알아서 번역을 해 줄 테니까요. 해외여행을 할 때, 외국어로 된 책을 읽을 때, 외국인과 만나 대화해야 할 때, 이제 인공지능은 우리 옆에서 통역자로서의 역할을 해 줄 것입니다.

병원에서도 인공지능은 거뜬하게 제구실을 해내고 있습니다. 환자의 증세를 보고 무슨 병인지 진단하고, 어떻게 치료해야 할지를 알려줍니다. 환자에게 실수 없이 정확하게 약을 전달해 주는 일도 하고 있습니다. 법원에서는 여러 법전과 앞선 판결들을 참고하면서 판결문을 씁니다. 인공지능은 기사도 쓸 수 있습니다. 야구 경기, 주식 시장의 변화 등도 방대한 자료들을 참고하면서 정확하게 작성합니다.

그렇지만, 모든 일이 그렇듯이 인공지능의 발달에도 빛과 그림자가 동시에 있습니다. 인간의 일을 대신해 주는 인공지능은 한편으로는 인간으로부터 일자리를 빼

앗기도 합니다. 무인자동차의 등장으로 사라질 운전기사부터 인공지능 로봇 기술의 발전으로 사라질 약사와 의사까지, 이런저런 일자리들이 곧 사라질 위기에 처해진다고 합니다. 그러면 많은 사람들이 일자리를 잃게 될 것이고, 돈을 벌지 못하는 사람들이 늘어나면서 가난한 사람과 부자 사이의 격차는 더욱 커질 것이라는 걱정이 지금 우리 사회에 널리 퍼지고 있습니다.

2022년에 세상을 깜짝 놀라게 한 챗GPT와 인간의 지능을 훨씬 뛰어넘는 초지능의 출현 예측까지, 비야흐로 새로운 세상이 다가오고 있습니다. 새롭게 펼쳐지는 이 세상에서 우리는 어떻게 살아야 할까요?

우리 앞에 놓인 길은 두 갈래입니다.

하나의 길은 경쟁으로 가는 길입니다. 더 치열하게 경쟁하는 길입니다. 상대방을 누르고 내가 맨 꼭대기로 올라설 수 있도록 기를 쓰고 노력하는 길입니다. 하지만, 이 길을 선택하면 100명 중 99명의 사람들은 지금보다 훨씬 힘겨운 삶을 살아가게 될 것입니다. 운 좋게 경쟁에서 승리한 1명도 긴장을 늦출 수 없는 삶을 살아가겠죠. 언제 누가 와서 내 자리를 가로챌지 모르는 일이니까요. 누구에게도 행복하지 않은 길일 것입니다.

다른 하나의 길은 협동으로 가는 길입니다. 서로 힘을 합치고 지혜를 모아 모두가 행복할 수 있는 길을 찾아가는 길입니다. 이 길을 선택한 그 누구도 엄청난 부자가 될 수는 없을 것입니다. 하지만 그 누구도 가난으로 고통받지도 않을 것입니다. 상대방의 부족한 점을 서로 채워주면서 모두가 행복해지는 방법을 찾아내는 길입니다.

정말 다행스럽게도, 협동으로 가는 길을 선택한 사람들이 많이 있습니다. 더 많은 사람들이 협동으로 가는 길을 선택할 때, 우리는 더 밝고 행복한 미래를 만들어갈 수 있을 것입니다. 미래는 정해져 있는 것이 아니라 우리가 만들어가는 것입니다. 여러분은 어떤 선택을 할 건가요?

이 책에서는 여러분들에게 협동으로 가는 길을 안내하려고 합니다. 다행히 이미 많은 사람들이 협동을 선택했기에 여러분에게 들려주고 싶은 이야기가 많이 있답니다.

1장 '협동은 힘이 세다'에서는 인간을 포함한 여러 생명체들이 협동을 통해 어떻게 살아남는 데 성공했는지 알아보도록 하겠습니다. 작은 개미도, 으스스한 이름을 가진 흡혈박쥐도 협동을 합니다. 동물뿐 아니라 식물도 협동을 하지요. 그리고 당연히 인간도 협동을 합니다. 협동을 통해 인간이 어떻게 살아남았는지, 그리고 경쟁보다 협동이 더 좋은 이유는 무엇인지 살펴볼게요.

2장 '문제를 해결하는 여러 가지 방법'에서는 우리가 살아가면서 닥치는 여러 가지 문제들을 해결하는 방법에 대해 생각해 보려고 합니다. 개인적으로 문제를 해결할 수도 있고, 사회적으로 해결할 수도 있습니다. 사회적으로 문제를 해결하는 방법에도 또 여러 종류가 있고요. 하나하나 살펴보면서 문제를 해결하는 좋은 방법을 같이 찾아보아요.

3장 '협동조합이 더 좋아'에서는 협동조합을 통한 해결이 더 좋은 이유를 이야기하려고 합니다.

4장 '세계의 협동조합, 경쟁하지 않고 협동하면 무엇이 달라질까?'에서는 협동조합이 무엇인지 자세히 들여다보려고 합니다. 협동조합의 원칙, 종류를 알아보고 우리나라와 다른 나라에서 성공한 여러 협동조합의 사례도 함께 살펴볼 거예요. 세상에는 정말 많은 협동조합이 있고, 이미 수많은 사람들이 협동조합을 통해 더 잘 사는 방법을 찾아 실천하고 있다는 사실을 깨닫게 될 거예요.

이 책을 통해 여러분들이 새로운 미래를 꿈꿀 수 있게 되기를 바랍니다. 더 많은 희망, 더 밝은 미래를 찾을 수 있게 되기를. 그럼 협동과 협동조합 이야기, 시작해 보겠습니다.

1
협동은 힘이 세다

우리가 최선을 다하는 까닭

어떤 사람은 말합니다. 그래도 경쟁을 해야 사람들이 더욱 열심히 최선을 다하기 때문에 더 일을 잘할 수 있다고 말입니다.

자메이카의 육상선수 우사인 볼트는 100미터를 9.58초에 달린 기록을 갖고 있습니다. 이 놀라운 기록은 조금이라도 더 빨리 달리기 위한 치열한 기록 경쟁의 성과물이라고 할 수 있습니다. 우사인 볼트가 아무리 빨리 뛸 수 있는 유전자를 가지고 태어났다고 해도, 인간의 한계를 돌파할 정도로 빠른 속도를 낼 수 있었던 것은 경쟁 덕분이라고 볼 수도 있지요. 금메달, 명예, 갈채, 상금, 광고 수입…… 이 모든 것들이 우사인 볼트가 좀 더 힘을 내서 달리도록 만든 원동력이 되었을지도 모릅니다.

만약 이 세상에 누가 더 빨리 달리느냐를 두고 벌이는 경쟁이라는 것 자체가 존재하지 않는다면 우사인

볼트의 놀라운 기록은 없었을 수도 있습니다.

　세계를 매혹시킨 김연아의 피겨 스케이팅도 마찬가지입니다. 금메달을 두고 벌이는 치열한 경쟁의 세계에서 김연아는 더욱 최선을 다할 수밖에 없었을 것입니다. 더 많이 연습하고, 더 많이 노력하고, 더 많이 연구했겠지요. 세계 최고의 기량을 보여 주기 위해 매일매일 노력했을 것입니다.

　일을 할 때도 마찬가지입니다. 치명적인 질병을 치료하는 약을 개발하는 일을 생각해 봅시다. 연구원들은 최선을 다해 치료약을 개발합니다. 그런데, 연구원들이 최선을 다하게 하는 힘은 어디에 있을까요? 치료약이 개발되어 판매되면 그 약을 개발한 제약회사는 큰 돈을 벌 수 있습니다. 연구원들에게도 두둑한 보너스가 지급되겠지요. 좋은 성과를 낸 연구원들은 더 높은 자리로 승진할 수도 있을 것입니다. 더 높은 자리, 더 많은 소득, 이런 것들이 연구원들이 최선을 다할 수 있도록 부추겨 줍니다. 만약 어떤 결과를 내건 소득이 늘 똑같고, 돌아오는 보답도 똑같다면 누가 최선을 다할까요?

공부를 할 때도 경쟁은 큰 힘을 발휘하는 것 같습니다. 어떻게 공부하건 다 같은 성적을 받는다면 누가 열심히 공부를 하겠어요? 좋은 성적, 부모님의 칭찬, 친구들의 부러움, 이런 것들이 힘을 내서 공부할 수 있도록 해 줍니다.

경쟁에서 이겨 더 높은 자리로 올라갈수록 더 많은 보답이 기다리고 있으니 우리는 힘을 냅니다. 할 수 있는 만큼 최선을 다하게 되지요. 사람들이 최선을 다하다 보면 우리 사회도 더 잘 돌아갈 것이고, 그 덕분에 우리의 삶도 더 좋아지지 않겠어요? 어쩌면 경쟁은 우리에게 힘을 내게 해 주는 아주 효과적인 장치인 것 같습니다.

모두의 것은 결국 누구의 것도 아닌 것이 된다

어떤 마을에 마을 사람들이 공동으로 소유하는 풀밭이 있었습니다. 누구든 그 풀밭으로 소를 데리고 나가 풀을 먹일 수 있었습니다. 처음에는 모두에게 좋았습니다.

그런데, 시간이 흐르자 문제가 생겨났습니다. 그 풀밭은 누구의 것도 아니므로 아무도 관리하지 않았습니다. 소들이 풀을 뜯어 먹는 속도가 풀이 자라는 속도보다 빨라지자 풀밭에는 풀들이 줄어들기 시작했습니다. 결국 풀밭은 황폐해졌어요. 이제는 아무도 그 풀밭에서 소에게 먹이를 먹일 수 없었기 때문에 마을은 점점 가난해졌습니다.

이런 현상을 두고 '공유지의 비극'이라고 부릅니다. 공유지란 공동으로 소유하는 땅이라는 뜻입니다. 사람들은 자기에게 이득이 되는 대로만 행동하기 때문에 자기 땅이라면 열심히 관리하겠지만, 모두의 땅을 관리하려고 생각하는 사람은 없습니다. 그러니 어떤 것을 모두의 것으로 해 두면 결국은 일을 망치게 된다는 것을 얘기하기 위해 우리는 '공유지의 비극'이라는 말을 씁니다.

공유지의 비극을 우리는 생활 속에서 많이 경험합니다. 여럿이 사용하는 공중 화장실은 대부분 우리 집 화장실보다 더럽습니다. 사람들이 자기 것이 아니니 깨끗하게 사용하지 않기 때문이죠. 공중 화장실이 깨끗하다면, 그것은 계속해서 그 화장실을 청소하는 청소 노동자 덕분입니다. 공중 화장실의 휴지 역시 우리 집 화장실 휴지보다 빨리 없어집니다. 우리 집 화장실 휴지를 쓸 때보다 아껴 쓰지 않기 때문이지요. 모두의 것이 될 때, 사람들은 자기 것처럼 아끼며 사용하지 않습니다.

이런 비극을 막기 위해서는 어떻게 해야 할까요? 풀밭을 마을 공동의 소유로 하지 않고, 각자 주인을 만들어 주면 어떨까요? 돈을 내고 풀밭을 소유한 주인은 그 풀밭이 자기 것이니 함부로 사용하지 않고 잘 가꾸고 관리하겠지요. 우물도 마을 공동으로 두지 않고 누군가가 소유한다면 우물 주인은 우물을 잘 관리할 것입니다. 공중 화장실도 누구나 마음대로 이용하게 하지 말고 돈을 내고 사용하게 한다면 언제나 깨끗하게 유지될 수 있을 거예요.

그렇지만 문제가 있겠죠? 돈이 없는 사람은 풀밭에서 소를 키울 수 없게 되어 더 가난해질 것입니다. 가난한 사람은 우물을 이용하기 위해 우물 주인에게 돈을 내느라 더 가난해지겠죠. 아니면, 다른 곳에서 공짜로 얻을 수 있는 더러운 물을 먹다가 병에 걸릴지도 모릅니다. 공중 화장실을 이용할 때 돈을 내야 한다면, 정말 급한데 돈이 없을 때는 어떻게 하나요?

이런 문제점을 모르는 것은 아니었지만, 사람들은 '어쩔 수 없다'고 생각했습니다. 인간이란 원래 이기적인 존재라서 자기 좋은 대로만 하려고 하니 이런 방법이라도 쓰지 않으면 모든 것이 엉망진창이 될 것이니까요. 돈이 없는 사람들이 어려움을 겪더라도 사회 전체적으로 보면 모든 것을 누군가의 소유로 만들고 그

것을 사용할 때 돈을 내도록 하는 방법이 훨씬 안전하고 효율적인 방법이라고 생각했어요.

공유의 비극을 넘어서

하지만 정말 그럴까요? 엘리너 오스트롬이라는 경제학자 이야기를 들려줄게요. 엘리너 오스트롬은 경제학을 하고 싶었지만, 그때만 해도 옛날이어서 여자가 수학을 공부하는 것이 별로 환영받을 만한 일이 아니었다고 하네요. 경제학은 보통 수학을 기반으로 해서 연구하는 경우가 많았기 때문에 경제학을 공부하고 싶었던 엘리너 오스트롬 입장에서는 절망스러운 일이 아닐 수 없었습니다. 하지만 엘리너 오스트롬은 포기하지 않고, 수학 말고 다른 방법으로, 그때까지의 경제학 방법이 아닌 다른 방법으로 경제학을 연구하기로 마음먹었습니다.

그래서 세계의 여러 공유지에 대해 연구했습니다. 그 결과 새로운 사실을 발견하게 됩니다. 세계 여러 마을에서 공유지들이 아주 잘 관리되고 있다는 사실이었죠. 마을 공동의 숲이 있다면 그 숲이 황폐해지지 않도

록 적당한 정도로만 나무를 베고, 열매를 채취하도록 하는 마을 규칙이 있었던 것입니다. 마을 공동의 우물이 있으면 그 우물이 항상 깨끗히게 유지되고, 물이 마르지 않도록 관리하는 마을 규칙이 있었고요. 마을 공동의 풀밭도 언제나 풀이 잘 자라도록 적당한 정도로만 이용하는 마을 규칙이 있었습니다.

  사람들은 누구의 소유도 아닌 공동의 것을 잘 관리하고 이용하면서 오래오래 잘 살고 있었어요. 이렇게 알아낸 사실을 바탕으로 '공유의 비극을 넘어서'라는 책을 씁니다. 우리 인간이 사실은 아주 지혜로운 존재라서 눈앞의 이익만을, 개인의 이익만을 얻으려고 행동하기보다는 먼 미래도 생각하고 마을 전체도 생각하면서 행동할 줄 안다는 것을 사람들에게 널리 알리고 싶었던 거죠.

　인간은 이기심을 누르고 서로 협동할 줄 아는 존재라는 것을 밝힌 엘리너 오스트롬은 2009년, 이 연구 덕분에 노벨 경제학상을 수상했습니다.

곰곰 생각해 보기 공유필통 이야기

승민이네 학급에는 공유필통이 있습니다. 교실 뒤 사물함 위에 있는 바구니에는 연필, 색연필, 지우개, 볼펜, 가위, 테이프, 스테이플러 등이 담겨 있습니다. 처음에 공유필통을 마련할 때는 선생님과 친구들이 모두 힘을 모았습니다. 집에서 굴러다니는 스테이플러를 가져온 친구도 있고, 생일 선물로 받은 색연필을 가져온 친구도 있었습니다. 선생님은 가위를 공유필통에 넣어 주셨습니다. 승민이는 아깝다는 생각에 처음에는 망설였지만, 엄마가 출장 갔다 사 오신 크레파스를 넣었습니다. 이렇게 모두가 힘을 합쳐 공유필통을 마련했습니다.

그러자 참 편리했습니다. 깜빡 잊고 필기구를 가져오지 않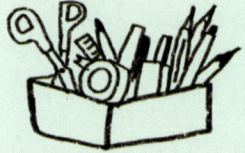은 날도 걱정 없습니다. 공유필통에서 필요한 물건을 꺼내 쓰고 다시 갖다 놓으면 되니까요. 갑자기

가위나 스테이플러가 필요해도 공유필통에서 꺼내 쓰면 되니까 책가방에 다 넣고 다닐 필요가 없어서 책가방이 가벼워졌습니다. 정말 신기한 것은, 이 공유필통이 점점 가득 차고 있다는 것입니다. 친구들이 매일매일 사용하는데도 공유필통 속 물건들은 점점 많아집니다. 이건 무슨 마술이죠? 공유필통을 고맙게 사용한 친구들이 집에서 사용하지 않는 각종 문구들을 가져와 공유필통 속에 넣어 두기 때문입니다.

---

① 우리 반에 공유필통을 만들어 보면 어떨까요? 어떤 물건을 준비하면 좋을까요? 어떻게 시작해야 할까요?
② 공유필통 말고도 우리 반 모두가 즐겁게 사용할 수 있는 공유○○을 마련해 보면 어떨까요? 여러분은 어떤 공유○○을 만들고 싶나요?

협동하는 생물이 살아남았다

우리는 흔히 자연의 세계는 원래 강한 자가 약한 자를 잡아먹는 세계라고 생각합니다. 결국 강한 생물이 살아남는 것이라고, 이것이 자연의 법칙이라고 생각하기 쉽습니다. 하지만, 자연의 세계를 자세히 들여다보면 많은 생명체들이 협동하며 살아남는 것을 알아차릴

수 있습니다. 많은 생명체들이 협동 덕분에 살아남았습니다.

 지금부터 여러 생명체들이 서로서로 도우면서 더 잘 살아남게 된 이야기를 들려주려고 해요. 에이, 이건 그냥 다른 생명체들 이야기잖아, 우리는 인간이니 우리랑은 크게 상관없어, 라고 덮어 두지는 말았으면 해요. 우리 인간도 어차피 지구 위에 살고 있는 수많은 생명체 가운데 하나일 뿐이고, 서로 협동하며 살아남는 생명체의 법칙을 그대로 따르고 있는 존재이니까요.

 흡혈박쥐는 40시간 이상 피를 공급받지 못하면 죽습니다. 여러 흡혈박쥐들이 피를 공급받기 위해 사냥에 나서지만 모든 흡혈박쥐가 사냥에 성공하는 것은 아닙니다. 사냥에 실패하여 먹을 것을 구하지 못한 흡혈박쥐가 집으로 돌아오면 다른 흡혈박쥐들이 자기가 먹는 피를 나누어 줍니다. 흡혈박쥐는 친구 흡혈박쥐가 내어 준 먹이를 먹고 죽음의 위기를 견뎌 낼 수 있습니다.

그렇다면 먹이를 친구에게 양보하는 흡혈박쥐는 무조건 희생만 하는 것일까요? 그렇지는 않습니다. 흡혈박쥐는 알고 있는 겁니다. 오늘은 내가 사냥에 성공했지만, 내일은 실패할 수도 있습니다. 오늘 내가 친구에게 먹이를 양보했지만, 내일은 친구가 내게 먹이를 양보할 수도 있을 것입니다. 만약 흡혈박쥐가 모두 자기 생각만 했다면 오늘날 흡혈박쥐는 멸종했을지도 모릅니다. 40시간 이상 사냥에 성공하지 못해서 죽음에 이르는 흡혈박쥐들이 점차 늘어나다 보면 지구상에서 흡혈박쥐는 완전히 사라지게 될 수도 있었을 거예요. 흡혈박쥐는 어려운 처지에 놓인 다른 친구들을 도움으로써 자신의 살 길도 마련하는 것입니다. 흡혈박쥐의 생존 비결, 협동입니다.

과자를 먹다가 길에 떨어뜨리면 어디선가 개미떼들이 나타납니다. 작은 부스러기는 개미 혼자서 운반할 수 있을지 모르지만, 부스러기가 좀 크다면 한 마리의 개미가 운반하기에는 무리입니다. 개미들은 이럴 때

서로 힘을 모읍니다. 과자 부스러기 하나에 여러 개미들이 달라붙어서 영차 영차, 먹이를 운반하는 모습을 우리는 쉽게 관찰할 수 있습니다. 개미는 무리지어 살면서 서로 힘을 합쳐 살아남습니다. 개미의 생존 비결, 협동입니다.

얼룩말은 무리를 지어 살아갑니다. 초원에는 얼룩말을 노리는 힘센 동물들이 많이 있습니다. 사자, 표범, 하이에나들이 얼룩말을 노립니다. 이런 맹수들과 1:1로 붙는다면 얼룩말은 살아남을 수 없습니다. 맹수들의 공격을 받으면 얼룩말은 머리를 가운데로 모아 둥글게 뭉칩니다. 그리고 맹수가 공격해 오면 튼튼한 뒷

우리도 서로 도우며 살아가지요.

다리로 걷어차서 물리칩니다. 평소에 먹이를 구하거나 물을 구할 때도 경험이 많은 얼룩말이 무리의 우두머리가 되어 앞장을 서면 다른 얼룩말들이 따라갑니다. 함께 먹을 것을 찾고, 함께 힘센 동물들의 공격을 물리치며 얼룩말은 살아남았습니다. 얼룩말의 생존 비결, 협동입니다.

 식물도 협동을 합니다. 단풍나무 숲을 관찰하면 놀라운 것을 발견하게 됩니다. 물이 부족한 계절이 되어도 크고 뿌리가 깊은 단풍나무는 걱정할 것이 없습니다. 깊은 땅속에서 물을 끌어들일 수 있으니까요. 문제는 아직 깊이 뿌리를 내리지 못한 어린 단풍나무들입니다. 어린 단풍나무들은 땅 표면의 물이 마르면 물을 제대로 빨아들일 수 없어 위기에 처합니다. 이때 큰 단풍나무들이 어린 단풍나무들을 도와줍니다. 큰 단풍나무는 빨아들인 물을 어린 단풍나무에게 보내 준다고 합니다. 매년

땅 위에 떨어지는 나무의 씨앗 가운데 싹을 틔우는 것은 그중에 5%도 되지 않고, 싹을 틔운 나무 가운데 1년을 버티는 것도 5% 정도라고 합니다. 1년을 버텨도 그 다음해를 버티지 못하고 95%가 죽는다고 해요. 어렵게 뿌리를 내린 어린 단풍나무가 제대로 자라기 위해서는 도움이 필요합니다. 큰 나무들이 도와주는 겁니다. 큰 나무도 어린 단풍나무 시절, 큰 단풍나무의 도움을 받으며 살아남았으니까요. 단풍나무의 생존 비결, 협동입니다.

협동을 가장 잘하는 생명체

지금까지 여러 생명체들이 협동 덕분에 살아남을 수 있었던 이야기를 들려주었어요. 여기에 일일이 쓰지 않았어도 셀 수 없이 많은 생명들이 서로 도우며 살아가고 있습니다. 그렇다면 지구상에서 협동을 가장 잘하는 생명체는 무엇일까요? 꿀벌? 원숭이? 침팬지? 놀랍게도 협동을 가장 잘하는 생명체는 바로 우리들, 인간입니다.

가만히 생각해 보면 인간만큼 약한 생명체도 드뭅니다. 몸에는 털이 없어서 추위에 약합니다. 날카로운 이

빨도 없습니다. 힘센 발톱도 없습니다. 인간보다 빨리 달리는 맹수들이 많이 있습니다. 인간보다 힘이 센 동물도 많이 있습니다. 인간을 한쪽 발로 밟아서 뭉갤 수 있을 만큼 커다란 동물도 많이 있습니다. 그럼에도 불구하고 인간은 살아남았습니다. 어떻게 가능했을까요?

커다란 두뇌, 정교한 작업을 할 수 있는 손, 불을 사용할 수 있는 능력…… 다른 생명체와 비교했을 때 인간을 두드러지게 해 주는 여러 가지 뛰어난 능력이 있는 것이 사실입니다. 하지만, 그 모든 것 가운데 으뜸은 협동하는 능력입니다.

 우와, 굉장한 먹을거리가 나타났어.

 우리가 힘을 합쳐서 저 짐승을 사냥한다면 우리 모두 배불리 먹을 수 있을 거야.

 그래, 맞아.

 너희들은 뒤쪽을 맡아. 우리는 앞쪽을 맡을게.

 그래, 우리 서로를 믿고 최선을 다해 보자.

이것이 약한 인간이 살아남을 수 있었던 비결입니다.

인간은 힘을 합쳐 자기보다 더 큰 동물을 사냥해서 먹고살 수 있었습니다. 인간은 힘을 합쳐 무서운 적들을 물리칠 수도 있었습니다. 역할을 분담해서 서로 도움으로써 문화를 발전시켰습니다. 어떤 인간이 사냥을 하는 동안, 어떤 인간은 어린아이를 돌보고, 어떤 인간은 보금자리를 지킵니다. 어떤 인간은 집을 짓고, 어떤 인간은 옷을 만듭니다.

더 많은 인원이 서로 잘 도울 수 있도록 언어가 발전했습니다. 언어를 이용해 서로 생각을 나누면서 더 많은 인원이, 그리고 더 효과적으로 협동할 수 있게 되었습니다.

경험이 쌓이고 사회가 발전하면서 협동의 형태도 더욱 정교해졌습니다. 지금 우리 사회는 거대한 협동 조직입니다. 우리는 각자 자신의 일을 하고 있지만, 사회 전체로 보면 모두가 잘 살 수 있도록 협동하는 중입니다. 누군가는 지하철을 운전하고, 누군가는 쓰레기를 치웁니다. 누군가는 컴퓨터를 만들고, 누군가는 쌀을 재배합니다. 이런 모두의 힘이 모여 우리가 더 잘 살 수 있는 것입니다.

합치면 더 큰 힘을 낼 수 있다

옛날에 매일 싸움만 일삼는 삼형제가 있었습니다. 형제들은 틈만 나면 싸웠습니다. 서로 훼방을 놓고, 서로를 흉보고, 서로를 미워했습니다. 이런 일들이 쌓이고 쌓이다 보니 사이는 점점 더 나빠졌고, 형제 사이에 믿음은 완전히 사라졌습니다.

아버지는 삼형제의 이런 모습을 보면서 걱정이 많았습니다. 병에 걸려 죽을 날이 다가오자 걱정은 더 커졌습니다.

'내가 죽고 나면 자기들끼리 싸우기만 하다가 결국 망하고 말 거야.'

아버지는 죽기 전에 형제들의 싸움을 말리고 사이좋

게 지낼 수 있는 방법은 없을까, 궁리했습니다.

궁리 끝에 아들들을 불러 모았습니다. 아들들이 아버지에게 가 보니, 아버지 앞에는 나무 막대기들이 많이 쌓여 있었습니다.

"첫째야, 이 나무 막대기 하나를 부러뜨려 보거라."

첫째는 쉽게 나무 막대기를 부러뜨렸습니다.

"둘째야, 너도 이 나무 막대기 하나를 한번 부러뜨려 보거라."

둘째도 쉽게 나무 막대기를 부러뜨렸습니다.

"막내야, 너도 해 보렴."

막내도 형들처럼 나무 막대기를 쉽게 부러뜨렸습니다.

아버지가 이번에는 이렇게 말했습니다.

"그럼, 이번에는 나무 막대기 열 개를 한꺼번에 부러뜨려 보거라."

첫째가 먼저 시도해 보았습니다. 나무 막대기 열 개를 쥐고 부러뜨려 보려고 안간힘을 썼지만, 나무 막대기는 부러지지 않았습니다.

둘째가 도전했습니다. 둘째도 용을 썼지만 실패했습니다.

이번에는 막내가 해 보았습니다. 막내도 나무 막대기를 부러뜨리는 데 실패했습니다.

아버지가 말했습니다.

"보려무나. 한 개 한 개의 나무 막대기는 쉽게 부러지지만, 열 개가 모이자 아무리 애를 써도 부러지지 않는구나. 무언가 느낀 바가 없느냐?"

형제들은 비로소 아버지의 뜻이 무엇인지를 깨달았습니다. 나무 막대기 하나하나는 힘이 없을지 모르지만, 열 개가 모이자 큰 힘이 됩니다. 사람이 사는 이치도 이와 같습니다. 서로 힘을 합치면 아주 큰 힘을 발휘할 수 있습니다. 세 사람이 힘을 합치면 세 사람이 각각 힘을 쓰는 것보다도 더 큰 힘을 낼 수 있습니다. 형제들은 이 일로 큰 깨달음을 얻고 싸움을 멈추었습니다. 서로 힘을 합하여 잘 살 수 있었습니다. 아버지는 걱정 없이 눈을 감을 수 있었지요.

이 옛이야기가 우리에게 전하고 싶은 이야기는 무엇일까요? 바로 협동의 힘입니다.

교실 청소를 하는 장면을 상상해 볼까요? 혼자 남아서 교실 청소를 하려면 얼마나 힘이 들까요? 시간도 아주 많이 걸리고, 너무 힘이 들어서 청소를 하는 동안 화가 날지도 모릅니다. '다시는 청소 따위는 하고 싶지 않아!'라는 생각도 들겠지요.

청소한 결과도 그리 만족스럽지 못합니다. 청소를 하다가 빼먹고 쓸지 않은 곳도 생겨날 겁니다. 먼지를 닦지 않아 지저분한 채로 남아 있는 곳도 있을 겁니다.

하지만, 여러 명이 힘을 합쳐 청소를 하면 상황은 아주 달라집니다. 시간도 훨씬 적게 걸리고, 힘도 덜 들지요. 그렇게 많은 일을 하지 않았는데도 교실이 깨끗해지는 것을 보면 기분도 좋아집니다. 즐거운 마음으로 집으로 돌아갈 수 있을 것입니다.

함께 하는 청소가 즐거우려면 규칙이 필요합니다. 모든 친구들이 골고루 사이좋게 일을 나누어 맡아야 한다는 규칙입니다. 어떤 친구는 아주 어렵고 힘든 일을 하는데, 다른 친구는 별로 하는 일도 없이 놀고만 있다면 즐거운 마음이 생기기도 어렵고, 열심히 하기도 싫어집니다. 공평하게 나누어 맡아야지요.

공평하게 나누어 맡는다는 것을 똑같이 나누어 맡는 것으로 오해하는 것은 곤란합니다. 몸이 아픈 친구가 있다면 오늘 하루는 청소를 빼 주는 것이 좋을 것입니다. 급한 일이 있어서 일찍 집으로 돌아가야 하는 친구의 사정도 봐 줄 수 있을 것입니다. 이런 것을 '배려'라고 하지요. 그렇다고 해서 청소할 때마다 몸이 아프다고 엄살을 피우거나 집에 일찍 가야 한다고 핑계를 대는 친구가 있다면 그건 곤란합니다.

우리 인간은 오랜 세월 동안 협동에 대한 지혜를 쌓아 왔습니다. 협동은 힘이 셉니다. 지구상에서 가장 협동을 잘 하는 생명체는 바로 인간입니다. 우리는 인류의 협동 유전자를 가지고 태어났습니다. 우리의 특기는 협동입니다.

그래도 경쟁이 있어야 최선을 다하지 않을까?

그래도 염려는 남습니다. 경쟁이 있어야 최선을 다하지 않을까, 하는 염려 말입니다.

어떤 경우에는 경쟁이 효과를 발휘하는 경우도 있다고 합니다. 예를 들어 종이 상자를 조립하는 일을 생각해 봅시다. 이런 간단한 작업은 경쟁이 효과적입니다. 누가 더 빨리 종이 상자를 조립하나 경쟁을 하고, 더 많이 조립한 사람에게 더 많은 돈을 주겠다고 하면 사람

들의 손은 놀랍도록 빠르게 움직입니다.

하지만 이 빠르기가 계속 유지될 수는 없습니다. 잠시 동안은 놀라운 속도가 유지될 수 있지만, 계속 이렇게 할 수는 없는 것입니다. 계속 이렇게 속도를 내서 일을 하면 우리는 너무 지쳐서 결국 아무 일도 하지 못하게 될 수도 있습니다. 너무 무리해서 일을 하다가는 죽게 되는 수도 있습니다. 이런 일들이 더러 일어나다 보니 '과로사'라는 말까지 생겨났습니다. 잠깐은 가능합니다만 계속할 수는 없습니다.

또 창의적인 작업에는 경쟁이 큰 효과를 발휘하지 못한다고 합니다. 서로 성과를 더 많이 내려고 경쟁을 하다 보면 우리의 몸과 마음이 너무 긴장을 하기 때문에 유연하게 움직이지 못합니다. 몸도 마음도 유연할 때 우리는 좋은 생각을 해 내게 됩니다.

상자를 더 잘 조립하는 방법, 더 예쁘고 튼튼한 상자

를 만드는 방법, 상자 말고 다른 것을 만들어서 상자를 대신하는 방법, 아예 상자가 필요 없는 제품을 만드는 방법 등등. 우리는 여러 가지 방법으로 '빠르게 상자 조립하기'보다 좋은 결과를 만들어 낼 수 있습니다.

이런 것을 두고 '문제를 창의적으로 해결한다'고 합니다. 창의적인 해결 방법은 세상을 질적으로 더 좋은 곳으로 바꿀 수 있습니다. 누군가가 생각해 낸 창의적인 해결 방법 덕분에 인류가 이만큼이나 발전해 온 것이고요.

그런데 창의적인 해결은 대부분 협동에서 나옵니다. 큰돈을 벌기 위해 제약회사들끼리 경쟁을 한 덕분에 좋은 약들이 개발되고 있다고 생각할지도 모르지만, 더 깊이 생각해 보면 실은 협동 덕분이라는 것을 알 수 있습니다. 아무도 신약을 개발할 때 혼자 연구하지 않습니다. 수많은 연구원들이 연구실에서 서로 힘을 합쳐 연구를 합니다. 이 연구원들이 연구를 잘 할 수 있도록 도와주는 사람들도 많이 있습니다. 다른 일에는 신경 쓰지 않고 연구에만 집중할 수 있도록 연구실을 청소해 주는 사람, 물품 구입을 대신해 주는 사람, 기초 조사를 해 주는 사람 등등. 수많은 사람들이 힘을 합쳤을 때 좋은 연구 결과가 나오는 겁니다. 이 협동이 더 커져서 제약회사들끼리도 협동을 한다면 결과는 더 좋아지지 않을까요?

실리콘밸리라는 곳이 있습니다. 미국의 캘리포니아주에 있는 컴퓨터 산업 단지를 일컫는 말입니다. 컴퓨터에 사용되는 반도체의 원료가 실리콘이라는 물질이기 때문에 생겨난 이름입니다. 1970년대부터 지금까지 첨단 산업을 주도하는 지역이기도 합니다.

그렇다면 이곳에서 첨단 산업이 발전하게 된 비결은 무엇이었을까요? 여러 컴퓨터 천재들이 이곳에 모여 경쟁적으로 프로그램을 개발했기 때문일까요? 여러 컴퓨터 기업들이 이곳에서 경쟁적으로 연구를 했기 때문일까요? 물론 그런 이유들도 분명 있을 것입니다. 하지만, 1970년대 이곳에서는 저녁마다 모여서 컴퓨터라는 새로운 세계에 대해 토론하는 문화가 있었다고 합니다.

 오늘 나는 이런 것을 알아냈어.

 그래? 굉장한걸? 나는 이런 것을 알아냈는데,

문제가 하나 있어. 어떻게 해결해야 할지
잘 모르겠어.
네 얘기를 듣고 방금 떠오른 생각인데,
그 문제를 이렇게 해결해 보면 어떨까?

이처럼 대화가 오고가면서 아이디어가 발전한 덕분에 컴퓨터 산업이 발전할 수 있었다는 거죠. 서로의 아이디어가 모이고, 서로 자극받고, 서로 격려하면서 한 걸음 한 걸음 나아갈 수 있었다는 거예요.

말라리아 치료약, 키니네

우리도 생각을 한 걸음 더 진전시켜 봅시다. 다시 제약회사의 새로운 약에 대한 이야기로 돌아가 보죠. 어떤 사람이, 혹은 어떤 제약회사가 새로운 약을 발명했다면, 그것은 전적으로 그 사람, 그 회사의 공로일까요?

말라리아라는 병이 있습니다. 우리말로는 학질이라고도 합니다. 모기에 의해 감염되는 이 병은 고열에 시달리다가 죽음에 이르는 치명적인 질병이에요. 살충제가 대량 생산되어 보급되기 전에는 말라리아로 목숨을 잃는 사람들이 전쟁터에서 목숨을 잃는 사람들보다 많았을 정도였다고 합니다. 아주 진절머리나는 일을 겪었을 때, 우리는 '학을 뗐다'고 표현하기도 하는데, 그만큼 징글징글하게 어려운 일이 학질에 걸렸다 살아나는 일이었기 때문에 생겨난 말이죠.

말라리아의 특효약은 키니네입니다. 키니네는 신코나 나무에서 얻을 수 있는 성분입니다. 안데스 산맥에 살던 원주민들 사이에서 입에서 입으로 전해지던 치료법이었는데, 17세기에 유럽으로 전해졌습니다. 네덜란드 사람들은 인도네시아의 자바 섬으로 신코나 나무를 옮겨 와서 재배하는 데 성공했고, 덕분에 많은 사람들이 말라리아에서 살아남을 수 있게 되었습니다. 하지만, 자연 상태의 키니네를 얻는 것은 한계가 있었기 때문에 사람들은 인공적으로 키니네를 합성해서 대량 생산할 수 있기를 꿈꾸었습니다. 그 꿈은 20세기가 되어서야 로버트 우드워드라는 미국인에 의해 이루어집니다.

로버트 우드워드의 발명은 인류에 많은 기여를 하였습니다. 말라리아라는 치명적인 질병으로부터 수많은

사람들의 목숨을 구해 냈죠. 그렇다고 해서 이것이 오직 로버트 우드워드 한 사람만의 공로리고 할 수 있을까요? 로버트 우드워드의 발명은 안데스 지역 원주민의 지혜에 빚을 지고 있는 셈이고, 안데스 지역 원주민의 지혜는 신코나 나무라는 자연의 선물에 빚을 지고 있는 셈입니다.

제약회사는 새로운 약을 연구할 때 맨땅에서 시작하지는 않았을 거예요. 지금까지 개발되었던 약에 대해 분석하고, 최근의 새로운 연구들을 살펴보면서 새로운 약을 개발했겠죠? 그러니 새로운 발명은 그 이전까지의 발명과 연구들 덕분이라고 할 수 있지 않을까요? 자꾸자꾸 거슬러 올라가다 보면 아마 끝이 없을 것입니다. 결국 우리 인류가 쌓아 올린 문화유산 덕분에 새로운 약이 발명될 수 있었던 것이죠. 아무것도 없는 곳에서 새로 시작해야 했다면 결코 이룰 수 없는 일이었을 거예요.

우리는, 우리가 의식하지 못하는 사이에도 서로 협력하고 있는 거랍니다. 과거의 인류와 협력하고, 미래의 인류와도 협력하고 있는 거죠. 내 주위에 있는 사람뿐만 아니라 전 세계 사람들과 협력하고 있답니다.

2
문제를 해결하는 여러가지 방법

아내를 살리기 위해 약을 훔친 하인즈 씨

'딜레마'란 선택의 상황에서 어떤 쪽을 선택해도 문제를 해결할 수 없는 상황을 말합니다. 1번이나 2번 중에서 하나를 골라야 하는데, 그 어느 쪽을 선택해도 나쁜 결과가 나오게 될 때, 우리는 딜레마에 빠졌다고 말합니다. 진퇴양난의 상황이라고 할 수 있겠죠.

이렇게 딜레마에 빠졌을 때는 어떻게 해야 할까, 하는 문제는 사람들로 하여금 많은 생각을 하게 만들기 때문에 여러 학자들이 딜레마 상황을 고안했습니다. 깊이 생각할 거리를 던져 주는 거죠. 이렇게 만들어진 딜레마 중에 '하인즈의 딜레마'라는 것이 있습니다.

하인즈 씨의 부인이 암에 걸려 죽어 가고 있습니다. 부인을 살릴 수 있는 약은 원가가 20만 원입니다. 그런데 시중에서 팔리는 가격은 200만 원입니다. 하인즈는 백방으로 노력했지만 100만 원밖에 구하지 못했습니

다. 약사에게 약을 100만 원에 팔라고 사정을 하지만 약사는 거절합니다. 결국 하인즈는 고민 끝에 약을 훔칩니다. 이 경우 하인즈는 벌을 받아야 할까요?

여러분이 하인즈라면 어떤 결정을 내릴 건가요? 여러분이 판사라면 어떤 판결을 내릴 건가요? 하인즈의 딜레마는 묻고 있습니다. 이런 질문을 받으면 우리는 다양한 요소들을 고려하면서 어떻게 할까 고민합니다. 그러나 생각의 방향을 바꾸어 보면 어떨까요? 이 딜레마 상황에는 큰 문제가 있다는 생각이 들지 않나요?

여기서 충돌하는 것은 하인즈 부인의 생명과 약사의 재산입니다. 생명과 재산, 어느 쪽이 더 소중합니까? 당연히 생명입니다. 돈 때문에 살릴 수 있는 생명을 죽이게 된다면 옳지 않은 일입니다. 그런데도 이 딜레마 상황은 생명과 재산이 나란히 놓고 고민할 문제인 것처럼 포장해 놓았습니다.

또 원가 20만 원인 약이 200만 원에 거래되고 있는 것은 옳지 않습니다. 게다가 그것이 영양제같이 보조적인 역할을 하는 약이 아니라 당장 죽어 가는 생명을 살릴 수 있는 약이라면 문제는 더 심각해집니다.

그리고 더욱 결정적인 문제가 있습니다. 왜 하인즈는 혼자서 고민하고, 혼자서 노력해야 하나요? 하인즈의 동네 사람들은 하인즈가 이런 상황에 처하도록 아무 일도 하지 않고 있습니다. 이것은 옳지 않습니다. 하인즈가 안고 있는 문제는 오직 하인즈만의 문제가 아닙니다. 오늘은 하인즈의 부인이 아프지만, 내일은 다른 사람이 아플 수 있습니다. 오늘은 하인즈의 부인이 돈이 없어 죽어 가지만, 내일은 다른 누군가가 돈이 없어 죽어 갈 수 있습니다. 오늘은 하인즈가 약을 훔치는 처지에 놓이지만 내일은 다른 누군가가 그런 처지에 놓일 수 있습니다.

우리는 살아가면서 어려운 고비에 놓일 수 있습니다. 그 고비를 넘는 방법은 두 가지입니다. 하나는 혼자서 넘는 것입니다. 또 다른 하나는 다른 사람들의 도움을 받아서 넘는 것입니다. 혼자서 어려운 고비를 넘는 것은 문제를 개인적으로 해결하는 것입니다. 다른 사람이 어려운 고비를 넘도록 도와주고, 다른 사람의 도움을 받아 내 앞에 놓인 어려운 고비를 넘는 것은 문제를 사회적으로 해결하는 것입니다.

둘 중 어느 것이 수월할까요? 당연히 다른 사람의 도움을 받아서 넘는 쪽이겠죠. 대신 이 방법이 실행되려면 전제가 있습니다. 나도 다른 사람이 어려운 고비를 넘을 때 도와주어야 한다는 것입니다.

문제를 해결하는 방법 ① 서로 돕는 마음

하인즈의 문제를 사회적으로 해결하는 방법에는 어떤 것이 있을까요? 아주 오래 전부터 실천해 온 방법입니다. 온 마을이 서로 돕는 것이지요.

 하인즈의 부인이 큰 병에 걸렸대.

 약이 있긴 한데 아주 비싸다고 하더라구.

 하인즈는 돈이 없어서 큰 걱정인가 봐.

 약국에서 일단 약을 달라고 했는데 거절당했다던걸.

이렇게 저렇게, 입에서 입으로 하인즈의 딱한 처지를 마을 사람들이 알게 되면, 사람들은 없는 형편이지만 서로서로 주머니를 털어 약값 마련에 보태라며 하인즈를 도울 수 있겠지요.

요즘도 이런 방법으로 문제를 해결하는 일이 흔히 있답니다. 연말이면 어김없이 등장하는 구세군의 자선냄비, 알고 있지요? 구세군은 하인즈처럼 어려운 사람들이 있다는 것을 세상 사람들에게 알리고, 큰돈이 아니더라도 조금씩 보탠다면 누군가에게는 큰 힘이 될 것이라고 설득합니다. 지나가던 사람들은 발걸음을 멈추고 지갑을 열어 도움의 손길을 보내는 거죠.

이렇게 돈이 마련된다면 하인즈에게는 참 좋은 일이겠지만, 이 방법은 살짝 문제가 있습니다. 일단 돈이 빨리 모여야 합니다. 한시가 급한 상황이니까요. 그런데 누구도 넉넉한 형편이 아니다 보니 돈이 충분히 모아지는 데 시간이 많이 걸릴 수 있습니다.

또 마을 사람들이 하인즈의 문제를 눈치채지 못할 수도 있습니다. 사람들이 다른 일에 정신이 팔려 있거나 무관심할 수도 있을 테니까요. 그렇다면 하인즈는 필요한 도움을 받을 수 없을 거예요.

문제를 해결하는 방법 ② 지혜로운 판결

지혜로운 판사가 문제를 해결할 수도 있을 것입니다.
 사정이 아무리 딱하다고 해도 하인즈가 도둑질을 한 것은 분명하기 때문에 체포되어 재판을 받을 수도 있습니다. 여러분이 판사라면 어떤 판결을 내릴 건가요?

이와 관련해서 참고할 만한 판결이 있답니다.
 1930년대 미국에서 있었던 일이에요. 80살이 된 마리 할머니는 일곱 살 된 손녀 메리를 홀로 키우고 있었습니다. 메리의 엄마 아빠는 메리가 갓난아기일 때 교통사고로 죽었거든요. 마리 할머니는 청소 일을 하며 근근이 메리를 키우고 있었는데, 몇 달 전 교통사고를 당하고 말았습니다. 정말 먹고살 길이 막막한 상황이었죠. 굶고 있는 손녀 생각에 그만 빵집에서 빵을 훔치고 맙니다. 마리 할머니는 절도죄로 체포되어 법정에 서게 되었어요.
 당시 마리 할머니의 재판을 맡은 것은 라과디아 판사

였습니다. 라과디아 판사는 마리 할머니의 딱한 사정을 듣고도 유죄를 선고합니다. 법은 만인에게 평등하므로 아무리 사정이 어렵더라도 법대로 10달러의 벌금형을 내렸습니다. 이대로 끝이었을까요? 그렇다면 라과디아 판사는 역사상 가장 비정한 판사 베스트에 올랐겠지요. 하지만, 10달러의 벌금형을 선고한 판결문은 다음과 같이 이어집니다.

"이 노인이 빵 한 덩어리를 훔친 것은 오로지 이 노인의 책임만은 아닙니다. 이 도시에 살고 있는 우리 모두에게도 책임이 있습니다. 이 노인이 살기 위해 빵을 훔쳐야 할 만큼 어려운 상황임에도 도움을 주지 않고 방치한 책임이 있는 것입니다. 그래서 나는 나에게도 10달러의 벌금형과 동시에, 이 법정에 앉아 있는 시민 모두에게도 각각 50센트의 벌금형을 선고합니다."(『정의롭다는 것』 길도형, 장수하늘소)

라과디아 판사가 먼저 10달러를 냈고, 법정에 앉아 있던 시민들도 모두 50센트씩을 냈습니다. 이렇게 해서 모인 돈이 모두 57달러 50센트. 마리 할머니는 이 돈으로 벌금을 내고 남은 돈으로 손녀딸에게 충분한 빵을 사줄 수 있었지요.

정말 감동적인 명판결입니다. 하인즈에게도 이런 판결을 내릴 수 있을 거예요. 하인즈도 벌금을 내야 하지만, 그 마을에 살고 있는 모든 사람들에게도 상황을 이렇게 몰고 간 책임을 물어 벌금을 선고한다면 하인즈는 벌금을 내고 약값을 치를 수 있겠지요.

하지만, 이건 문제를 확실하게 해결하는 방법은 아닙니다. 모든 판사들이 라과디아 판사처럼 지혜로운 판결을 내린다는 보장도 없고, 법정에 모인 시민들이 이런 판결에 항상 고개를 끄덕이며 지갑을 열 것이라는 보장도 없습니다. 어떤 때는 성공할 수 있지만, 실패할 수도 있는 그런 해결 방법이지요.

이것만으로는 충분하지 않다

서로 돕는 마음은 언제나 문제를 해결하는 출발점이

되어 왔지만, 언제나 문제를 해결해 주는 것은 아닙니다. 서로 돕는 마음이 언제나 문제를 해결해 주기 위해서는 '제도'로 발전해야 합니다.

개인의 지혜도 문제를 해결하는 출발점이 될 수 있습니다. 그러나 항상 지혜로운 누군가가 나타나 기발한 방법으로 문제를 해결해 준다는 보장은 없습니다. 우리는 좀 더 확실하게 문제를 해결하는 방법을 찾아야 할 겁니다. 어떻게 하면 좋을까요?

언제든 가족 중 누군가가 아플 수 있고, 그럴 때 어려운 상황에 놓일 수 있다는 사실을 사람들이 깨달았다면, 그 문제를 언제든 해결할 수 있는 방법을 찾아야 할 것입니다. '이런 문제는 늘 이런 방식으로 해결한다'는 규칙을 만들어 두고 실행하는 것이 바로 '제도'입니다.

 언제든 문제를 해결할 수 있는 방법,
뭐가 있을까요?

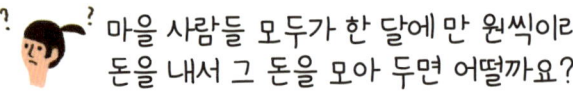 마을 사람들 모두가 한 달에 만 원씩이라도
돈을 내서 그 돈을 모아 두면 어떨까요?

아픈 사람이 있건 없건 꾸준히 모으는 겁니다. 그러다

보면 만 원씩 모은 돈도 제법 큰돈이 되겠죠? 그리고 하인즈 같은 처지에 놓인 사람이 생길 때, 돈이 필요한 사람이 요청을 하고 다른 사람들이 보기에도 그 돈이 필요한 것이 맞다 싶으면, 필요한 돈을 주거나 빌려 주거나 할 수 있겠죠.

문제를 해결하는 방법 ③ 국민건강보험

이런 문제를 해결하기 위해 우리는 국민건강보험이라는 제도를 만들었습니다. 아픈 사람이 있건 없건 꾸준히 돈을 내서 돈을 모아 놓는 방법이 발전한 것이 바로 사회보험, 그중에서도 국민건강보험 제도입니다.

내가 아프건 아프지 않건 일정한 소득이 있는 사람들은 돈을 내야 합니다. 이때 '나는 별로 아픈 곳도 없으니 국민건강보험에 가입하지 않겠다'는 말은 할 수 없습니다. 법으로 정한 소득 수준이 되면 싫건 좋건 모두 국민건강보험에 가입해야 합니다.

병에 걸려 병원을 찾게 되면 국민건강보험이 큰 힘을 발휘합니다. 치료비의 일부는 본인이 부담하지만, 나머지는 국민건강보험에서 부담하거든요. 아주 적은 돈만 내고도 치료를 받을 수 있습니다. 돈 걱정 없이 병원을 이용할 수 있도록 미리미리 대비하는 제도입니다.

 나는 아프지 않으니 혜택받을 일이 없겠네…….

이렇게 한숨을 쉬면서 억울해 할 필요는 없겠죠? 아프지 않은 것은 그만큼 축복받은 일이니 감사하게 생각해야겠죠.

문제를 해결하는 방법 ④ 비싼 약값 규제하기

병에 걸린 사람은 마땅히 치료를 받아야 합니다. 돈만 있으면 치료를 받아 목숨을 구할 수 있는데 돈이 없어 목숨을 잃는다면 이것은 옳지 않은 일입니다. '정의롭지 않다'고 말할 수 있지요.

정의를 실현하는 방법 가운데 하나로 법이 나서는 방법이 있습니다. 그냥 내버려 두면 약값은 아주 비싸질 수 있습니다. 병에 걸린 사람은 어떻게든 약을 구하려 할 것입니다. 값이 비싸도 눈물을 머금고 살 수밖에 없습니다.

특히 치명적인 질병의 치료약들은 대부분 특정 제약회사에서 독점해서 생산합니다. 독점해서 생산한다는 것은 오직 한 회사만 그 약을 생산한다는 뜻입니다. 왜냐하면 발명에는 특허권이라는 것이 보장되기 때문입니다. 약을 개발한 회사가 약에 대한 특허권을 가지기 때문에, 특허권을 갖지 못한 다른 회사들은 같은 약을

만들 수가 없습니다.

우리가 흔히 먹는 아스피린은 바이엘이라는 제약회사가 만든 약입니다. 바이엘이 특허권을 가지고 있기 때문에 바이엘만 아스피린을 만들 수 있습니다. 그러니 가격도 바이엘 마음대로 정할 수 있는 거죠. 그래도 아스피린은 가격이 아주 쌉니다. 왜냐하면 아스피린을 대체할 수 있는 약들이 아주 많이 있으니까 아스피린의 가격이 비싸면 사람들은 아스피린을 대체할 수 있는 다른 약

을 찾을 거예요. 예를 들자면, 타이레놀을 먹으면 되는 거죠. 그리고 아스피린이 필요한 질병은 치명적인 질병은 아닙니다. 아스피린을 먹지 않아도 며칠 푹 쉬는 것만으로도 우리는 병에서 회복될 수 있거든요.

하지만, 만약 그 약이 아주 치명적인 질병의 치료제이고 다른 대체약이 없다면 어떻게 될까요? 그 약이 없으면 목숨이 위태롭고, 다른 선택은 할 수 없습니다. 그렇다면 아주 비싼 값으로 팔아도 약이 팔리는 거죠. 수많은 하인즈가 생겨날 수밖에 없는 상황이 생겨나는 겁니다.

어떻게 하면 좋을까요? 이럴 때 정부가 나서서 지나치게 약을 비싸게 파는 것을 금지할 수 있지 않을까요? 약에 대한 특허권을 일정한 기간 동안만 인정하고 그 다음부터는 다른 제약회사도 이 약을 만들 수 있도록 허용하는 방법도 있을 수 있겠지요.

문제를 해결하는 방법은 여러 가지

지금까지 우리는 하인즈의 문제를 해결하는 여러 가지 방법을 살펴보았습니다. 하인즈가 혼자서 문제를 짊

어지고 끙끙거리지 않을 수 있도록 사회적으로 문제를 해결하는 방법이 다양하다는 사실도 알게 되었죠. 하인즈의 문제만이 아니라 우리가 안고 있는 다른 문제들도 여러 가지 방법으로 해결할 수 있습니다.

집세가 너무 올라서 부모님의 걱정이 아주 큽니다. 집주인이 요구하는 집세가 너무 비싸서 울며 겨자 먹기로 이사를 가게 될지도 몰라요. 나는 어쩔 수 없이 정든 친구와 익숙한 동네를 떠나 다른 학교로 전학을 가야 할 수도 있습니다.

물론 이 문제도 개인적으로 해결할 수 있습니다. 부모님이 더 많이 돈을 벌고, 더 많이 아껴 쓰고, 더 많이 저축해서 올려 달라는 대로 집세를 올려 줄 수도 있을 것이고, 더 많은 돈을 모아 집을 살 수도 있겠지요. 하지만, 부모님은 이미 충분히 많이 일하고 있고, 충분히 많이 절약하고 있다면? 그냥 돈 없는 설움에 한숨만 쉬어야 할까요? 복권이 당첨되기만 바라고 있어야 할까요?

이럴 때 우리는 사회적인 해결 방법이 있다는 것을 알아야 합니다. 집 주인이 임대료를 너무 많이 올리는 것을 금지하는 법을 만들면 어떨까요? 정부에서 많은 임대 주택을 지어 시민들이 저렴한 가격에 안심하고 살 수 있도록 집을 빌려 주면 어떨까요? 정부가 집 없고 가난한 사람 편에 설 수 있도록, 선거 때 좋은 주택 정책을 내놓는 국회의원을 뽑을 수도 있을 거예요.

다들 일자리가 없어서 걱정입니다. 옛날에는 고등학교만 졸업해도 취직해서 먹고살 수 있었는데, 지금은 대학을 졸업해도 일자리를 구하지 못해 난리입니다. 이 문제는 어떻게 해결해야 할까요?

물론 개인적으로 해결할 수 있습니다. 남들보다 더 많이 노력하는 거죠. 더 열심히 공부하고, 더 많은 경력을 쌓고, 죽기 살기로 노력한다면 일자리를 얻을 수 있을지도 몰라요. 우리가 공부를 게을리 할라치면 부모님께서 크게 걱정을 하시죠? 죽도록 공부해도 취직하기 힘든 세상인데, 넌 공부도 안하고 뭐하냐며 야단도 치시고요.

하지만 다른 방법도 있습니다. 사회적으로 해결하는 방법이지요. 기업이 일자리를 많이 만들도록 정부가 나설 수도 있고, 실업자들에게 수당을 주어 일을 구할 때까지 먹고살 걱정은 없도록 조치를 취할 수도 있을 것입니다.

개인이 혼자서 죽도록 노력하는 것보다는 사회적인 해결이 합쳐질 때, 문제가 훨씬 더 수월하게 풀릴 수 있겠지요. 그런데 여기에 덧붙일 더 좋은 방법들이 있답니다.

집이 필요한 사람들이 돈을 모아 함께 집을 짓거나 사서 공동으로 사용하면 어떨까요? 혼자서 집을 사거나 새로 짓는 일은 어렵지만 여럿이 힘을 모은다면 못할 것도 없겠죠. 유럽에는 집이 필요한 사람들이 만든 협동조합에서 집을 지어 저렴한 임대료를 내고 오래오래 안심하고 살 수 있도록 하는 주택협동조합이 많이 있습니다. 우리나라에서도 많지는 않지만 이미 시작되고 있고요.

일자리가 필요한 사람들이 스스로 일자리를 만들어 보면 어떨까요? 혼자서 창업을 하는 일은 어렵지만, 뜻이 맞는 사람들이 함께 돈을 모으고 지혜를 모아서 창업

을 해 보면 어떨까요? 내 일은 내가 만드는 거죠.

 그게 말처럼 쉬울까요?

미리 고개를 젓지는 마세요. 이미 많은 사람들이 그렇게 하고 있거든요.

어떤 버스 회사가 경영상의 어려움으로 문을 닫게 되었습니다. 많은 운전기사들이 졸지에 실업자가 될 위기에 놓였지요. 운전기사들은 십시일반으로 돈을 모았습니다. 그리고 그 버스 회사를 공동으로 인수했지요. 운전기사들은 이제 버스 회사의 주인이면서 동시에 노동자인 겁니다. 회사 경영도 공동으로 하고 이익 분배도 공동으로 했죠. 일자리도 지킬 수 있었을 뿐만 아니라 형편도 더 좋아졌어요. 공동 소유이지만, 이제는 '내 버스 회사'에서 일하고 있으니까요.

퀵서비스라는 것이 있습니다. 빠른 시간 내에 물건을 원하는 곳에 배달해 주는 서비스입니다. 주로 오토바이를 타고 움직이지만, 어떤 경우에는 전철이나 버스와 같은 대중교통을 이용해서 물건을 운반하기도 합니다.

퀵서비스 노동자들은 대기를 하고 있다가 주문이 들어오면 움직입니다. 문제는 퀵서비스 주문을 받아 퀵서비스 노동자들에게 주문을 전달해 주는 퀵서비스 회사들이 자기 몫을 너무 많이 챙긴다는 데 있습니다. 예를 들어 서비스의 대가로 받는 금액이 1만 원이라면, 주문을 받는 회사는 얼마를 갖고, 직접 퀵서비스 노동을 한 노동자는 얼마를 받아야 적당할까요? 퀵서비스 노동자들은 회사가 가져가는 몫이 너무 크다고 생각했습니다. 회사의 몫이 커질수록 노동자들이 가져가는 몫은 줄어들 수밖에 없습니다. 그렇다고 혼자 힘으로 퀵서비스 회사를 설립하는 것은 너무 어려운 일이겠지요? 이럴 때 협동조합은 문제 해결을 위한 좋은 방법이 될 수 있습니다. 퀵서비스 노동자들은 돈을 모으고 힘을 합쳐 협동조합 형태로 회사를 만들었습니다. 협동조합에 가입한 퀵서비스 노동자들은 전보다 많은 몫을 자신이 가져갈 수 있게 되었습니다.

사실, 내가 지금 겪고 있는 여러 가지 문제들은 오직 나만의 문제가 아니랍니다. 그러니 해결도 나 혼자서 하기보다는 함께 하는 것이 좋지 않을까요? 그럼 이제부터 새로운 아이디어로 문제를 해결하고, 꿈을 이루기 위한 일자리도 만들어 낸 젊은이들의 사례를 몇 가지 들려줄게요. 이들의 이야기를 듣다 보면 내 꿈을 이룰 아이디어도 떠오를지 몰라요.

유니폼 프로젝트 _ 쉬나 이야기

이 이야기의 주인공은 쉬나입니다. 뉴욕에 있는 광고 회사에서 일하고 있는 전문직 여성이지요. 디자인 스쿨에서 공부를 한 쉬나는 패션 센스도 뛰어납니다. 쉬나는 많은 사람들이 옷장 한가득 옷을 가지고 있으면서도 매일 '입을 옷이 없다'며 한숨 쉬고, 새 옷을 사는 데 많은 돈을 쓴다는 사실을 발견합니다. 그러면서도 다시 '입을 옷이 없다'는 생각에 또 옷을 사들이고, 옷을 사는 데 돈을 많이 썼으니 더 많이 일해서 돈을 벌어야 하는 악순환을 반복하는 사람들이 많다는 거죠.

쉬나는 이런 사람들에게 몇 벌 안 되는 옷만으로도 멋지게 차려입고 다닐 수 있다는 것을 알려주고 싶었습니다. 그래서 시작한 것이 유니폼 프로젝트입니다. 유니폼이 뭔가요? 중고등학생들이 입는 교복, 체육복, 군인들

이 입는 군복, 경찰들이 입는 경찰복, 의사들이 입는 가운, 이런 것들이 유니폼입니다. 딱 한 벌로 옷을 정해 놓고 계속 그 옷을 입는 거죠. 학생이나 군인, 경찰들이 그렇게 할 수 있다면 우리들도 그렇게 할 수 있지 않을까요? 한 벌을 정해 놓고 계속 그 옷을 입으면 되지 않을까요? 그렇게 정해 놓은 딱 한 벌, 이것도 유니폼이라 할 수 있으니 유니폼 프로젝트라고 이름을 지은 거죠.

쉬나는 스스로 유니폼을 만들고 그 옷만 입고 생활하기로 마음먹었습니다. 그리고 홈페이지를 만들어 자기만의 유니폼을 입고 생활하는 모습을 매일 홈페이지에 올렸습니다. 자기만의 유니폼에 스카프, 모자, 신발, 스타킹 등을 덧붙여서 다양한 코디를 보여 주었습니다. 한 벌의 옷으로도 그토록 다양하게, 재미있게, 개성 있게, 그리고 멋지게 매일매일 패션 센스를 보여 줄 수 있다는 점이 전 세계 많은 사람들의 마음을 사로잡았습니다. 수많은 사람들이 쉬나의 홈페이지를 방문했어요.

쉬나는 홈페이지 방문객들에게 기부를 요청했습니다. 인도에는 학교에 다니지 못하는 어린이들이 많이 있습니다. 특히 여자아이들은 학교에 다닐 기회가 훨씬 적게 주어집니다. 그런데 1년에 360달러만 있으면 한 아이가 학교에 다닐 수 있다고 합니다. 자신의 유니폼 프로젝트가 마음에 든다면, 기부를 통해 인도의 여자아이들이 학교를 다닐 수 있게 해 달라고 호소했어요. 많은 사람들의 기부가 이어졌습니다. 프로젝트가 진행되면서 아이디어가 더욱 풍부해져서 쉬나가 유니폼으로 입고 있는 옷을 판매해서 얻은 수익금도 보태게 되었습니다.

이렇게 해서 1년 365일의 유니폼 프로젝트가 끝났을 때, 322명의 인도 어린이가 학교에 갈 수 있게 되었습니다. 학교에 갈 수 있게 된 어린이들은 이제 과거와는 다른 미래를 꿈꿀 수 있게 되었습니다. 끔찍한 가난의 굴레로부터 벗어날 수 있는 길이 열린 거예요.

쉬나의 유니폼 프로젝트에 관심을 가지고 쉬나를 응원하던 사람들은 인생의 중요한 교훈을 깨달을 수 있었습니다. 한 벌의 옷만으로도 이렇게 멋진 패션 센스를 보여 줄 수 있다니! 중요한 것은 많이 갖는 것이 아니라 잘 활용하는 것이로구나, 하는 깨달음을 얻은 거죠.

쉬나의 유니폼 프로젝트는 또 많은 사람들에게는 영감을 주었습니다. 높은 지위에 오르지 않아도, 많은 재산을 갖고 있지 않아도, 좋은 아이디어를 생각하고 그것을 실행에 옮긴다면 정말 훌륭한 일을 해낼 수 있다는 것, 이 세상은 그런 좋은 아이디어에 환호하고, 실천에 옮기는 사람에게 박수갈채를 보낸다는 것이죠.

그런데, 쉬나가 유니폼으로 1년 동안 계속 입은 옷이 어떤 옷이었냐고요? 검은색 반소매 원피스였습니다. 원피스의 한쪽은 막혀 있고, 한쪽은 단추로 잠글 수 있게 되어 있는데, 앞뒤가 따로 없어서 앞으로도 뒤로도 입을 수 있는 것이었어요. 여러분이 유니폼 프로젝트를 진행한다면 어떤 디자인을 선택할 건가요? 한번 생각해 보는 것도 재미있겠죠. 유니폼 프로젝트 홈페이지를 방문하면 옷 한 벌로 365일 변신하는 쉬나의 깜찍한 모습을 만날 수 있답니다. (http://www.theuniformproject.com/)

하나 사면 하나를 기부한다
_ 블레이크 마이코스키, 탐스 슈즈 이야기

한 청년이 2006년 아르헨티나를 여행하고 있었습니다. 여행을 하며 여러 가지 경험을 하던 중 어린이들이 신발을 신지 않고 맨발로 다니는 모습을 보고 충격을 받게 됩니다. 어린이들의 발은 상처투성이였죠. 맨발로 다니면 질병이 생겨 건강에 큰 위험이 된다는 것도 알게 되었습니다.

 이 청년은 아르헨티나를 비롯한 빈곤국 어린이들에게 신발을 나눠 줄 방법이 없을지 고민하기 시작했습니다. 이런 어려움을 널리 알리고 기부를 받아 신발을 사서 보내는 것도 한 방법이 될 것입니다. 하지만, 이 청년은 더 좋은 방법이 없을까를 고민합니다. 그리고 찾아낸 방법이 원포원(one for one) 기부입니다. 소비자가 한 켤레의 신발을 사면 다른 한 켤레를 빈곤국 어린이에게 기부하는 방법을 생각해 낸 것이지요.

 물론, 그냥 신발 하나를 구입하는 것에 비해 원포원으로 구입하는 신발은 가격이 다소 비쌀 수밖에 없습니다. 하지만, 소비자는 오직 가격만으로 소비를 결정하는 것이 아니랍니다. 내가 쓴 돈이 보다 가치 있는 일에 쓰일

수 있고, 나의 소비가 좋은 일로 이어질 수 있다면 기꺼이 지갑을 여는 소비자들도 많이 있답니다.

　원포원 방식으로 신발을 팔아서 빈곤국 어린이들에게 신발을 보내 준다는 아이디어는 크게 성공했습니다. 인턴 직원 세 명과 함께 시작된 이 신발 회사는 10년 뒤 전 세계 1000여 곳에 매장을 거느린 큰 회사로 성장했습니다. 그동안 6000만 켤레의 신발을 팔았고, 그 덕분에 빈곤국 어린이들에게 6000만 켤레의 신발을 기부하였습니다.

　이 아이디어는 지금도 계속 성장, 진화하고 있는 중입니다. 신발에 적용했던 원포원 아이디어를 안경, 가방, 커피에도 적용했습니다. 소비자가 이 회사의 안경을 구입하면 빈곤국가에 살고 있는 한 사람이 시력을 회복할 수 있게 됩니다. 시력 장애를 겪고 있는 전 세계 2억 8천 4백만 명의 사람 중 80%는 치료를 통해 정상 시력을 회복할 수 있는데, 돈이 없어서 계속 시력 장애를 안고 살아가고 있다는 점에 주목한 것이죠. 소비자가 안경 하나를 구입할 때마다 이 사람들에게 안경을 맞춰 주거나, 시력 회복을 위한 수술을 해 줄 수 있다는 거예요.

　가방은 어떨까요? 소비자가 가방 한 개를 살 때마다

빈곤국의 산모는 위생 장갑, 탯줄 절단기 등 출산에 필요한 용품이 포함된 위생 키트를 받게 됩니다. 수익금의 일부는 아기의 출산을 돕는 조산사 양성을 위해 쓰이기도 합니다. 지금도 해마다 셀 수 없이 많은 산모가 비위생적인 환경에서 아기를 낳다가 사망합니다. 이 문제의 해결에 조금이라도 보탬이 되고자 생각해 낸 아이디어죠.

그렇다면 소비자가 커피를 구입하면 어떤 일이 일어날까요? 이번에는 깨끗한 물입니다. 12.99달러짜리 커피 원두 1팩을 구매할 때마다 빈곤국 빈민층에 일주일분량의 식수 약 140리터가 제공됩니다. 깨끗한 물을 구할 수 없어 질병과 고통에 시달리는 사람들을 살리기 위한 아이디어입니다.

어려운 사람을 돕는다는 뜻깊은 일을 하면서 동시에 세계적인 기업으로 성장하는 것이 불가능한 것만은 아니죠? 이 기업의 이름은 '내일을 위한 신발(TOMorrow's Shoes)'이라는 뜻을 담아 '탐스(TOMS)'라고 합니다. 여행 중 마주친 문제를 외면하지 않고 해결을 위해 나선 그 청년의 이름은 블레이크 마이코스키이고요.

'위안부' 할머니들을 위한 마리몬드

세계에서 가장 긴 시간 계속되고 있는 집회(여러 사람들이 일정한 뜻을 가지고 함께 모이는 것)가 무엇인지 알고 있나요? 단일 주제로 열리는 집회 가운데 세계 최장 시간 집회 기록을 보유하고 있는 집회는 대한민국 서울에서 열리고 있습니다.

매주 수요일 12시가 되면 어김없이 일본 대사관 앞으로 모이는 사람들이 있습니다. 일본군 위안부 문제의 해결을 요구하는 집회에 참석하는 사람들입니다. 이 집회를 '수요 집회'라고도 부르는데, 1992년 1월에 시작되어 2011년 12월 14일 1000번째 수요 집회를 지나 지금까지 계속되고 있습니다. 일본이 우리나라를 식민지 지배하면서 우리나라의 여성들을 강제로 전쟁터로 끌고 가 위안부 역할을 하게 한 것에 대해 제대로 사죄하고 배상할 것을 요구하는 집회입니다. 아직도 문제는 해결되지 않았고, 그래서 집회는 계속되고 있습니다.

그때 전쟁터로 끌려가 위안부 역할을 강요받았던 여성들은 이제 세월이 흘러 할머니가 되었습니다. 많은 할머니들이 돌아가시고, 이제는 몇 분 남지 않았습니다.

수요 집회에 모이는 사람들의 마음은 자꾸 바빠질 수밖에 없습니다. 한 분이라도 더 살아계실 때 제대로 된 사과를 받아야 한다고 생각하는 사람들 덕분에 수요 집회가 계속될 수 있는 것이겠죠.

그런데 또 다른 방법으로 위안부 할머니들의 문제 해결에 힘을 보태고 싶은 젊은이가 있었습니다. 보다 많은 사람들이 위안부 할머니들의 이야기를 기억할 수 있다면, 바쁜 생활 속에서도 잊지 않게 해 줄 수 있다면 좋겠다고 생각했죠. 그리고 어둡고 슬픈 이야기로만 위안부 할머니들을 기억할 것이 아니라 아름다운 이야기로 기억할 수 있다면 더 좋겠다는 생각도 했습니다. 늙은 몸을 이끌고 거리로 나와 일본의 만행을 고발하고, 당당하게 문제 해결을 요구하는 할머니들의 용기를 기억할 수 있어야겠다는 생각을 한 거죠.

인터넷에 글을 올릴 수도 있고, 트위터로 메시지를 전달할 수도 있고 책을 써서 널리 알릴 수도 있겠지만, 그것보다 더 자연스럽고도 강력한 방법이 있지 않을까? 어떻게 하면 가능할까?

그는 매일매일 궁리했을 겁니다. 그러고는 마침내 생

각해 냈어요. '위안부 할머니들의 꽃 작품이 들어간 디자인 상품들을 제작하자!' 그래서 예쁜 꽃이 가득한 스마트폰 케이스, 가방, 노트, 후드 티셔츠가 태어났습니다. 이 스마트폰 케이스를 사용하는 사람들은 스마트폰을 꺼내 들 때마다 위안부 할머니들의 아름다운 용기를 생각해 낼 것입니다. 또 이 스마트폰 케이스를 쓰고 있는 친구를 볼 때, 이렇게 물어보기도 하겠죠.

 그 폰 케이스 특이한데, 뭐야?

그러면 위안부 할머니에 대해서 이야기를 나눌 기회가 생겨나겠죠. 이렇게 조용히 생활 속으로 파고들어야 전쟁을 모르고 일본 제국주의를 모르는 젊은이들, 어린이들도 위안부 할머니들을 알게 되겠죠.

멋진 아이디어가 세상을 밝히는 기업으로 탄생한 또 하나의 사례입니다. 이 기업의 이름은 마리몬드입니다. 위안부 문제를 널리 알리는 동시에 제품 판매로 얻은 수익금을 기부해서 위안부 할머니들을 위해 쓰이도록 했대요. 2012년에 설립되어 전 세계 여성과 아동 폭력 문제를 해결하기 위한 사업을 펼쳐 왔는데, 아쉽게도 운영이 중단되었다고 해요.

곰곰 생각해 보기 이루고 싶은 꿈 이야기

초롱이 삼촌은 인디밴드를 결성해서 연주를 하는 예술가에요. 초롱이 할머니는 삼촌이 돈도 되지 않는 일을 한다며 날마다 한숨을 쉬신답니다. 초롱이는 음악을 하는 삼촌이 정말 멋있다고 생각하지만, 걱정이 되기도 합니다. 음악을 해서 먹고사는 일이 정말 어렵거든요.
그런데, 요즘 초롱이 삼촌은 신이 났습니다. 음악을 하는 사람들끼리 협동조합을 만들었다고 해요. 작사가, 작곡가, 연주자, 가수, 음반 기획자 등 여러 분야에서 음악 하는 사람들이 모였습니다. 이 음악 협동조합에서 함께 음반도 내고 공연도 하면서 훨씬 형편이 좋아졌어요. 혼자서 할 때보다 함께 힘을 모으니 홍보도 더 잘 되고, 음악의 완성도 높아졌기 때문에 요즘은 여기저기에서 연주 요청을 많이 받고 있습니다.

이루고 싶은 꿈이 있나요? 꿈을 가진 사람들이 힘을 합쳐서 그 꿈을 이룰 방법은 없을까요? 곰곰 생각해 보면서 아래의 표를 완성해 보세요.

내가 이루고 싶은 꿈은 무엇일까?	이 꿈을 이루는 데 어려운 점은 무엇일까?	이 꿈이 이루어질 때, 나에게 좋은 점은 무엇일까?
이 꿈이 이루어질 때, 우리 사회에 좋은 점은 무엇일까?	어떤 사람들이 힘을 합치면 좋을까?	내 꿈의 프로젝트의 이름은 무엇으로 할까?

(예시)

내가 이루고 싶은 꿈은 무엇일까?	이 꿈을 이루는 데 어려운 점은 무엇일까?	이 꿈이 이루어질 때, 나에게 좋은 점은 무엇일까?
디자인 관련 사업으로 내 사업을 해 보고 싶다. 위안부 문제의 해결에 보탬이 되고 싶다.	사람들이 이 문제에 관심이 없다. 캠페인을 계속하려면 돈이 많이 든다.	디자인 관련 사업을 해 보고 싶다는 꿈을 이룰 수 있다.
이 꿈이 이루어질 때, 우리 사회에 좋은 점은 무엇일까?	어떤 사람들이 힘을 합치면 좋을까?	내 꿈의 프로젝트의 이름은 무엇으로 할까?
위안부 문제의 해결에 도움이 될 수 있다.	위안부 문제 해결의 필요성을 느끼는 사람들 제품 디자이너	마리몬드

3
협동조합이
더 좋아

협동조합이 뭘까?

이제 본격적으로 협동조합 이야기를 해 보겠습니다. 앞에서도 협동조합 이야기가 가끔 나왔지만, 아직 협동조합이 뭔지 제대로 설명해 주지는 않았어요. 그래도 똑똑한 우리 독자님들은 이미 짐작하고 있을 듯해요.

 협동조합이요? 잘은 모르겠지만, 뭔가 같은 뜻을 가진 사람들이 힘을 모아서 문제를 해결하는 조직이 아닐까요?

네, 정답입니다.

좀 더 정확하게 정의해 보자면, 협동조합이란 '공동의 필요와 욕구를 충족시키고자 하는 사람들이 자발적으로 결성하여 공동으로 소유하고 민주적으로 운영하는 사업체'입니다. 어려운 말이죠? 하나하나 풀어 볼까요?

먼저 협동조합은 공동의 필요와 욕구를 충족시키고

자 하는 사람들이 모인 것입니다. 앞에서 초롱이 삼촌은 음악을 하고 싶은데, 여건이 잘 맞지 않았어요. 그렇다면 마음 놓고 음악을 하고 싶다, 라는 필요와 욕구를 가진 음악인들이 모여서 조직을 결성하는 것입니다.

두 번째, 협동조합은 공동으로 소유됩니다. 돈 많은 사람이 돈을 대고 나머지 사람들은 거기에 참여하여 일을 한다면 이것은 협동조합이라고 하지 않습니다. 뜻을 함께 하는 사람들이 그 뜻을 펼치기 위해 필요한 사업 자금을 스스로 모읍니다. 이걸 '출자'라고 하는데요, 협동조합의 조합원이 되기 위해서는 출자를 해야 합니다. 이렇게 모은 돈이 종자돈이 되어서 꿈을 펼칠 수 있게 되는 겁니다. 앞에서 버스 회사를 인수하기 위해 버스 기사들이 협동조합을 만들고 돈을 공동으로 출자했던 이야기를 했죠? 이렇게 돈을 공동으로 냈기 때문에, 협동조합은 한 개인의 소유가 아니라 출자를 한 모든 조합원의 공동 소유가 되는 것입니다.

세 번째, 협동조합은 민주적으로 운영됩니다. 민주적이라는 것은 조합원 모두의 의견이 조합 운영에 반영되어야 한다는 것입니다. 공동의 목표를 향해 함께 나아가기 위해서는 서로 의논하고 서로의 의견을 존중하는 것이 꼭 필요합니다. 누군가가 제멋대로 자기 의견만을 고집한다면 협동이 깨질 수밖에 없을 거예요.

이렇게 만들어진 협동조합은 일반 회사에 비해 여러 가지 강점을 가지고 있습니다. 경쟁보다 훨씬 힘이 센 협동을 기반으로 만들어진 조직이니까 협동조합이 힘이 센 것은 당연한 일이겠죠? 이제 협동조합이 힘이 세다고 하는 이유를 살펴볼게요.

계란값 폭등에도 안심!

2016년 겨울, 갑자기 계란이 귀하신 몸이 되었습니다. 여러분이 즐겨 찾는 분식집에서도 전에는 볼 수 없었던 장면이 펼쳐졌습니다. 김밥에 계란이 사라졌습니다. 이유는? 계란값이 너무 비싸져서 전처럼 김밥에 두툼한 계란을 넣어서는 가격을 맞출 수 없게 되었기 때문입니다. 라면을 주문해도 계란을 넣어 주지 않습니다. 계란을 풀어 넣고 끓인 라면을 먹고 싶다면 계란값을 별도로 지불해야 합니다. '파 송송, 계란 탁'이라는 라면계의 진리가 이제는 옛이야기가 되어 버린 것이죠. 이유는? 역시 계란값이 비싸졌기 때문입니다. 가족들과 함께 찜질방에 가서 즐겨 먹었던 구운 계란도 귀하신 몸이 되었습니다. 전처럼 만만하게 사먹을 수 있는 먹을거리가 아니게 된 것이죠.

왜 이런 일이 벌어졌을까요? 원인은 고병원성 조류 인플루엔자(AI)입니다. 조류 인플루엔자는 닭들에게 치명적인 전염병입니다. 조류 인플루엔자가 발생하면 전염병의 확산을 막기 위해 병에 걸렸거나 걸릴 우려가 있는 닭들을 죽이고, 위험 지역에서 생산되는 닭고기나 계란을 판매하는 것을 금지합니다. 알을 낳을 수 있는 닭들이 줄어들고, 덩달아 계란 생산도 줄어들 수밖에 없습니다. 그러자 계란값이 치솟기 시작했습니다. 비싼 가격을 지불한다고 해도 계란을 넉넉히 구하기도 어려워졌습니다.

그런데, 이런 상황에서도 계란을 큰 가격 변동 없이 판매하는 곳이 있었습니다. 바로 협동조합 매장이었습니다. 우리나라에는 안전하고 품질 좋은 먹거리를 공급받기를 원하는 소비자들이 만든 협동조합인 생협(생활협동조합)이 여럿 있습니다. 생협에서는 계란값이 폭등하는 와중에도 품질 좋은 계란을 흔들림 없이 적정한 가격에 공급하고 있었습니다.

　어떻게 이런 일이 가능했을까요? 생협은 평소에 이익금의 일부를 가격안정기금으로 적립해 둡니다. 이 안정기금은 가격이 크게 흔들릴 때 위력을 발휘합니다. 계란 파동 때처럼 계란값이 치솟았다면 생협은 이 안정기금을 풉니다. 공급자에게는 오른 가격으로 계란을 공급받았더라도 소비자들에게 판매할 때는 오르기 전의 원래 가격으로 판매하는 겁니다. 그러면 손해를 보지 않느냐고요? 예, 손해를 봅니다. 그리고 그 손해를 안정기금으로 메꾸는 거예요. 그 모습을 실제로 보면서 많은 사람들이 놀라기도 했죠.

　어차피 생협은 소비자들이 만든 소비자협동조합입니다. 소비자들이 좋은 품질의 물건을 안정적으로 공급 받는 것을 가장 중요하게 생각하는 조직이랍니다. 그러니까 평소에 벌어놓은 돈을 가격 안정을 위해 쓰는 거예요. 소비자들이 원하는 것이 바로 그것이니까요.

2016년 계란 파동뿐만 아니라 2010년 배추 파동 때도 생협의 가격안정기금은 큰 역할을 했습니다. 배춧값이 너무 비싸서 김치가 아니라 '금(金)치'라는 말이 생겨날 만큼 가격이 올랐지요. 이때도 일반 마트에서 판매하는 배추는 비쌌지만, 생협은 종전과 같은 수준의 가격을 유지했습니다. 가격안정기금을 이용해서 손해를 보더라도 적정한 가격에 배추를 판매한 거죠. 싼값으로 배추를 팔게 되면 생협의 조합원인 소비자들에게 이익이 돌아가게 되니까요.

이게 전부가 아닙니다. 생활협동조합은 소비자들에게 낮은 가격으로 물건을 공급하는 것만을 목표로 하지는 않습니다. 무조건 낮은 가격이 능사는 아니거든요.

우리는 가격이 싸면 무조건 좋을 것이라고 생각하기 쉽습니다. 하지만 무조건 가격을 낮추는 것을 목표로 하면, 많은 사람들이 피해를 봅니다. 예를 들어 계란 가격을 무조건 낮추려고만 하면 생산자들은 계란 생산 단가를 낮추기 위해 닭들을 비위생적인 환경에서 키울 것입니다. 값싼 사료만을 먹여서 키우겠지요. 그렇게 자라는 닭들은 건강 상태가 좋지 않을 테니 많은 항생제를 먹일 수밖에 없습니다. 그렇게 나쁜 환경에서 자라난 닭이 낳은 알들이 우리 몸에 좋을 리가 없겠지요? 가격을 낮추기 위해 계란을 운반하는 트럭 운전기사에게도 돈을 적게 주어야 합니다. 매장에서 일하는 노동자들에게 주는 임금을 낮추기 위해 일자리를 줄이게 될지도 모릅니다. 임금이 낮아지고, 일자리가 줄어들게 되면 결국 그 피해는 고스란히 우리에게 돌아옵니다. 어쩌면 우리 아버지의 임금이 줄어들고 우리 어머니의 임금이 낮아지는 결과로 돌아올 테니까요.

생활협동조합은 생산자와 소비자 사이에 신뢰를 쌓는 것을 중요한 목표로 삼습니다. 생협이 소비자만을 위해 가격안정기금을 쓰는 것은 아니랍니다. 반대로 배춧값이 너무 폭락해서 농민들이 어려운 처지에 놓였을 때도 있었지요. 이때도 생협은 배추를 공급하는 농민들에게 적정 수준의 가격을 보장해 주었어요. 배추 생산 농

민들의 생활이 안정되어야 계속 좋은 먹을거리를 공급받을 수 있으니까요. 배추 생산자들 입장에서 보면 배춧값이 폭락해도 생협은 좋은 가격을 보장해 주니까 이왕이면 생협과 오래오래 거래하고 싶겠죠? 그러기 위해서 더 좋은 품질의 제품을 생산하려고 노력할 것이고요.

이렇게 서로서로 도우면서 소비자도, 농민들도 이익을 보는 경제가 가능하답니다. 협동조합이기 때문에 가능한 일이지요.

경제 위기에도 안심!

몬드라곤은 스페인 북부 바스크 지방의 작은 도시입니다. 몬드라곤에는 세계를 놀라게 한 협동조합인 몬드라곤 협동조합이 있습니다. 1956년 석유난로를 만드는 공장을 운영하는 노동자협동조합으로 출발해서 지금은 제조, 유통, 금융, 지식의 4가지 사업 분야에서 여러 개의 큰 기업을 거느린 세계 최대의 협동조합으로 성장했습니다. 몬드라곤은 스페인에서도 손꼽히는 큰 협동조합 기업인데요, 매출 규모에서 보면 스페인에서 7위, 그리고 고용하고 있는 사람으로 보면 스페인에서 3위를 기록하고 있습니다. 8만 명이 넘는 사람들이 몬드라곤 협동조합에서 일을 하고 있거든요.

그런데 몬드라곤 협동조합이 세계를 놀라게 한 것은 큰 규모 때문이 아니었습니다. 2008년 굉장한 금융 위기가 세계를 덮쳤습니다. 미국에서 시작된 금융 위기는 곧장 전 세계로 퍼져 세계 모든 나라들이 타격을 받았습니다. 우리나라도 예외는 아니었어요. 많은 기업들이 망해서 문을 닫았고, 많은 직원이 직장에서 해고되었습니다. 수많은 실업자들이 생겨났습니다. 어쩌면 지금까지도 세계 경제는 이 금융 위기의 여파에 있다고 볼 수 있을 것입니다.

그 와중에 이 경제 위기를 해고 없이 극복한 기업이 있어서 주목을 받았는데요, 그런 기적을 이룩한 기업이 바로 몬드라곤 협동조합입니다. 몬드라곤 협동조합은 생겨날 때부터 지금까지 '해고 없는 성장'으로 아주 유명하죠.

몬드라곤 협동조합에는 정말 해고가 없습니다. 스스로 그만두지 않는 이상 누구에게나 정년이 보장된다고 합니다. 이것은 몬드라곤 협동조합이 노동자 협동조합이기 때문입니다. 노동자들의 이익을 보장하기 위해 만들어진 협동조합이므로 노동자의 고용을 보장하고, 좋은 조건의 일자리를 제공하는 것이 협동조합의 가장 중요한 목표입니다. 그러니까 협동조합 사업을 통해 이익이 생기면 가장 먼저 조합원인 노동자의 일자리를 지키고, 좋은 조건에서 일을 할 수 있도록 하는 방향으로 투자를 하게 됩니다.

2008년 금융위기는 몬드라곤에게도 위기를 가져왔습니다. 일반 기업 같으면 당장 노동자들을 해고하는 것으로 문제를 해결하려고 했겠지만, 몬드라곤은 다른 선택을 했습니다. 일감이 부족해지자 8천 명 정도의 노동자들이 휴직을 하게 되었습니다. 여기서 중요한 것은 '해고'가 아니라 '휴직'이라는 것입니다. 해고는 일자리가 없어지는 것이지만 휴직은 잠시 일을 쉬는 것입니다. 당연히 휴직 기간 동안 수당을 지급해서 생활의 어려움을 겪지 않도록 해 줍니다. 그리고 남아 있는 노동자들은 스스로 월급을 80%로 줄여 받았습니다. 협동조합이 위기를 극복하고 휴직한 노동자들이 휴직수당을 받을 수 있도록 허리띠를 졸라맨 것입니다. 휴직도 정해진 사람이 계속하는 것이 아니라 1년이 지나면 복직을 하고 다른 사람이 휴직에 들어갔습니다.

 슬픔은 나누면 반이 되고, 기쁨은 나누면 배가 된다는 말이 있습니다. 동료가 실업자가 되는 것을 두고 보기보다는 서로 어려움을 나누면서 힘든 시기를 이겨 낸 것이지요. 서로 돕는 정신을 가진 협동조합이기 때문에 가능한 일이 아니었을까요?

 협동조합이 아니라 일반 기업이었다면 어떤 일이 벌어졌을까요? 일단 수많은 사람들이 해고될 것이고, 남아 있는 사람들은 자신도 해고자가 될까 봐 두려워하면서 서로 더욱 치열하게 경쟁했겠지요. 더 많이 일하고, 더 열심히 일하면서 자기 일자리를 지키려고 했을 거예요. 그러다가 해고당하면 생계가 막막해지지만, 아무도 돌봐 주지 않았을 것이고요.

 생각해 볼수록 신기하죠? 가격이 오를 때일수록 싸

게 팔고, 가격이 싸질수록 비싸게 구입해 주는 기업이라니! 불경기에도 아무도 해고하지 않는 기업이라니!

협동조합은 이렇게 할 수 있는데, 일반 기업들은 이렇게 할 수 없는 이유가 뭔지 궁금하지 않나요? 그렇다면 이제부터는 일반 기업과 협동조합을 비교해서 알아보도록 해요.

주식회사가 뭘까?

기업을 운영하려면 돈이 필요합니다. 기계나 재료를 구입할 때, 무역을 할 상품을 구입할 때, 직원을 고용할 때, 사무실을 차리거나 공장을 지을 때, 모두 돈이 필요합니다. 이 돈을 '자본'이라고 하는데요, 자본을 어떻게 마련하느냐에 따라 기업의 종류가 달라집니다.

주식회사는 주식을 팔아서 자본을 마련하는 회사입니다.

1억 원짜리 주식회사를 만든다고 생각해 봅시다. 1만 원짜리 주식을 1만 개 만들어서 모두 팔면 1억 원이라는 돈을 만들 수 있습니다. 어떤 사람은 1만 원을 내고 1개의 주식을 사기도 하겠지만, 어떤 사람은 10만 원을 내고 10개의 주식을, 어떤 사람은 100만 원을 내고 100개의 주식을 살 수도 있을 것입니다. 이렇게 돈을 내서 주식을 산 사람을 우리는 '주주'라고 부릅니다. 주주들이 주식을 통해 투자한 돈으로 운영하는 기업을 우리는 '주식회사'라고 불러요.

주식회사는 주주들이 투자한 돈을 밑천으로 기업 활동을 합니다. 다행히 장사가 잘 돼서 이익금이 남았다면, 이 이익금을 주주들에게 나누어 줍니다. 이익금을 나누는 기준은, 그 사람이 가진 주식이 얼마나 많으냐입니다. 그 회사가 1천만 원의 이익을 냈다면, 1개의 주식을 산 사람은 1천 원을, 10개의 주식을 산 사람은 1만 원을, 100개의 주식을 산 사람에게는 10만 원을 나누어 주지요.

주식회사 제도는 막대한 자본을 한두 사람의 힘으로

모으지 않고 여러 사람의 힘을 합쳐 모읍니다. 회사를 설립하기 좋은 방법이기 때문에 기업을 하려는 사람들에게 환영받습니다. 그런가 하면 회사를 직접 운영하지 않더라도 가지고 있는 돈으로 투자를 해서 이익을 얻고 싶은 사람들도 주식회사 제도를 환영합니다. 내가 가진 돈으로 회사를 세우기에는 턱없이 부족하지만, 그리고 내가 직접 회사를 운영할 능력은 없지만, 적은 돈이라도 주식에 투자해서 이익을 얻을 수 있다면 좋은 일이니까요.

또 내가 투자한 기업이 사업을 잘해서 이익을 많이 내면 내가 가진 주식의 값이 올라가는 효과도 있습니다. 내가 구입할 때는 1만 원이던 주식값이 10만 원, 20만 원으로 올라간다면 내 재산도 그만큼 불어나게 되는 것이지요. 주식값이 올라서 재산도 늘고, 배당금을 받아 소득도 늘어나니, 꿩 먹고 알 먹고, 도랑 치고 가재 잡는 격이지요.

혹시 회사가 망하더라도 큰 문제가 되지는 않습니다. 한 사람에게 1억 원은 큰돈이지만, 1만 원은 누구든 투자할 수 있는 액수일 겁니다. 혹시 잘못되어서 내가 투자한 회사가 망하더라도 내가 잃은 돈이 그리 크지는 않으니 감당할 수 있는 수준이거든요.

기업을 운영하고자 하는 사람에게도, 적은 돈으로 투자할 곳을 찾는 사람에게도 주식회사 제도는 환영을 받았습니다. 그래서 주식회사 제도는 전 세계로 널리 널리 퍼졌습니다. 우리가 보는 회사 이름이 ○○주식회사, 주식회사 ✱✱✱, ○○화학(주)와 같은 식으로 되어 있는 것은 그만큼 우리 주위에 주식회사들이 많이 있기 때문이에요.

주식회사, 무엇이 문제일까?

그런데 주식회사는 문제가 있습니다. 주식회사의 주인이 주식을 가진 사람, 즉 주주라는 것이지요. 회사의 주인이 주주라는 것이 왜 문제가 될까요?

주주는 투자한 자신의 돈이 최대의 이익으로 돌아오기를 바랍니다. 만약 자기가 투자한 회사가 이익을 많이 내지 못한다면 주식을 팔아서 자기 돈을 되찾고, 그 돈으로 더 이익을 많이 내는 회사에 투자하려고 할 겁니다. 반대로 회사가 이익을 많이 내고 있다면 사람들은 어떻게든 그 회사의 주식을 사려고 경쟁을 하겠죠. 그러므로 주식회사는 주주들이 떠나가지 않도록 주주들의 이익을 최대한으로 보장해 주어야 합니다.

회사가 돈을 벌면, 그 돈은 여러 가지로 쓰이게 됩니다. 회사에서 일하는 노동자들에게 임금도 줘야 하고, 회사가 앞으로 돈을 더 잘 벌 수 있도록 공장의 기계를 바꾸거나, 연구를 하는 데 쓰기도 해야 합니다. 그리고 주주들에게 이익금도 나누어 주어야 하지요.

한 해 동안 1억 원을 벌어들인 회사가 있다고 합시다. 이 돈을 어떻게 나눌까요? 이 가운데 얼마만큼을 임금으로, 또 얼마만큼을 회사 발전을 위한 투자금으로, 그리고 얼마만큼을 주주들에게 주는 돈으로 배당해야 할까요?

이런 중요한 일은 주주총회에서 결정하게 됩니다. 주주총회는 주주들이 모두 모여서 회사의 중요한 일을 결정하는 회의입니다. 주주총회에는 누가 참석해서 결정을 내릴까요? 그렇죠. 당연히 주주들입니다. 그렇다면 주주들은 누구에게 이익이 가장 많이 돌아오는 쪽으로 결정을 내리고 싶을까요? 주주들 스스로에게 돌아오는 이익이 가장 크도록 결정을 내리게 되지 않을까요?

임금은 되도록 적게 주고, 회사 발전을 위한 투자금도

되도록 적게 하고, 주주들에게 돌아가는 몫을 크게 늘리고 싶을 것입니다. 되도록 싼 가격에 상품을 생산해서 비싼 값에 판매하는 전략에 손을 들어주고 싶을 것입니다. 그래야 회사의 이익이 늘어나고, 주주들에게 돌아가는 몫이 커질 테니까요.

이익이 커지면 좋은 것 아니냐고요? 그렇게 간단한 일이 아니랍니다. 노동자들은 아마 임금을 적게 받게 될 것입니다. 회사 발전을 위한 투자가 적어져서 그 회사는 미래를 위한 든든한 준비를 하지 못할 수 있을 것입니다. 소비자들은 비싼 값에 물건을 사게 될 것입니다. 원료를 제공하는 생산자들은 싼값에 원료를 넘기게 되니 역시 어려운 처지에 놓이게 될 것입니다. 그렇게 모두의 이익을 쥐어짜서 주주들의 몫을 키우는 것입니다.

회사의 경영자들에게는 주주들의 마음에 맞게 회사를 운영하는 것이 가장 중요해집니다. 주주들의 마음에 들지 않으면 회사에서 자기 자리가 없어질 수 있기 때문이죠. 주주들의 마음에 맞는 경영이란 어떤 것일까요? 이익이 얼마나 남느냐, 남은 이익을 얼마나 주주들의 몫으로 나누어 줄 수 있느냐가 기준이 되겠죠.

회사가 이익을 많이 남기는 방법은 여러 가지가 있겠지만, 가장 빠르고 확실한 방법은 사람을 줄이는 것입니다. 세 사람이 할 일을 두 사람이 하도록 하고 일자리를 하나 줄이면 한 사람 몫의 임금이 남습니다. 이게 장부에는 '이익'으로 기록됩니다. 그러니까 CEO로 있는 동안 많은 사람들을 해고하고 일자리를 줄이면 이익을 많이 남긴 '능력 있는' CEO가 될 수 있는 것입니다. 먼 미래를 내다보며 신제품을 개발하고, 새로운 시장을 개척하고, 질 좋은 제품을 만들어 소비자로부터 믿음을 얻는 기업을 만들겠다는 결심으로 차근차근 일하는 경영자는 당장 이익을 많이 남기지 못하기 때문에 능력 없는 CEO로 평가받게 됩니다. 그러면 어떻게 될까요? 말할 것도 없이 해고되는 것입니다. 능력 있는 다른 사람, 다시 말해 빨리 이익을 남기는 사람에게 자리를 비켜 주어야 하니까요.

곰곰이 생각하면 참으로 이상한 일이 아닐 수 없습니다. 회사의 주인은 그 회사에서 열심히 일하는 사람이어야 하지 않을까요? 회사의 중요한 일을 결정하는 것도 그 회사에서 열심히 일하는 사람이어야 할 것 같지 않나요? 그게 자연스러운 일이죠. 그런데 주식회사 제도는, 회사에서 일하지 않아도 주식만 가지고 있으면 회사를 움직일 수 있도록 만들어 놓은, 참으로 희한한 제도가 아닐 수 없습니다.

협동조합과 주식회사, 어떻게 다를까?

협동조합과 주식회사의 공통점은 여러 사람의 돈을 모아 사업 자금을 마련한다는 점입니다. 주식회사에서 주식을 팔아 자본을 마련하는 것처럼, 협동조합은 조합원들의 출자를 받아 자본을 마련합니다. 하지만 공통점은 여기까지입니다. 이 둘 사이에는 여러 가지로 커다란 차이가 존재합니다. 그게 뭔지 한번 볼까요?

주주의 목적은 이익, 조합원의 목적은 필요

　주식회사의 주식을 사는 주주들의 목적은 '이익'을 얻는 것입니다. 같은 돈을 투자해서 더 많은 이익을 얻는 것이 목적이죠. 그러니 내가 A 회사의 주식을 사서 그 회사의 주주가 되었더라도 B 회사가 더 큰 이익을 볼 수 있다면 나는 A 회사의 주식을 팔고 B 회사의 주식을 사게 됩니다.

　하지만 협동조합은 조합원의 '필요'에 따라 만들어지는 것입니다. 내가 협동조합의 조합원으로 그 협동조합에 출자금을 냈다는 것은 그 협동조합이 내게 필요했기 때문입니다. 예를 들어 믿을 수 있는 친환경 농산물을 마음 놓고 구입해서 먹고 싶어서 생활협동조합에 가입했다면, 내가 협동조합에 원하는 것은 믿을 만한 친환경 농산물을 적당한 가격에 공급해 주는 것이지요. 생활협동조합이 이익을 많이 내겠다고 유전자 조작식품을 판매하는 것을 원치 않을 것입니다.

　내가 원할 때 나를 위한 믿음직한 의사가 있었으면 좋겠다는 생각에서 의료협동조합에 가입했다면, 내가 협동조합에 원하는 것은 나를 정성껏 돌보아 주는 의사와 의료 서비스입니다. 의료협동조합이 이익을 많이 내겠다고 환자에게 필요도 없는 비싼 치료를 받게 하는 것을 원치 않을 것입니다. 협동조합은 이익보다는 조합원의 필요를 중요하게 생각합니다. 이 점이 주식회사와 크게 다른 점입니다.

 **주식회사는 주식 수에 따라, 협동조합은 이용 실적에 따라 이익 배당**

주식회사는 주주들에게 이익을 배당할 때, 주주가 보유하고 있는 주식의 많고 적음에 따릅니다. 주식을 많이 가지고 있는 대주주들은 이익을 많이 배당받고, 주식을 적게 가지고 있으면 이익도 적게 배당받습니다.

협동조합도 운영을 잘하면 이익이 남습니다. 그리고 그 이익을 조합원들에게 배당할 수 있습니다. 그런데 이 배당 기준이 주식회사와는 크게 다릅니다. 협동조합은 이익을 조합원의 출자금에 따라 배당하지 않거든요. 내가 출자금을 많이 냈건, 적게 냈건 크게 상관없습니다. 중요한 것은 내가 그 협동조합을 얼마나 이용했는가 하는 것입니다.

문제 한번 내 볼까요?

영희네는 생협 매장을 자주 이용합니다. 한 달에 생협 매장에서 구입하는 총 액수는 30만 원입니다. 철수네도 생협 조합원이기는 하지만, 매장을 자주 이용하지는 않습니다. 한 달에 6만 원 정도를 생협 매장에서 씁니다. 하지만 영희네도, 철수네도 가입할 때 생협에 냈던 출자금의 액수는 동일합니다. 이 둘 가운데 누가 더 많은 배당금을 받게 될까요?

만약 출자금에 따라 배당해 준다면 철수네도 영희네 두 똑같은 액수를 배당받게 되겠죠. 그러나 협동조합은 이용 실적에 따라 이익을 배당하기 때문에 영희네가 철수네보다 더 많은 이익을 배당받게 되는 것입니다.

그러니까 돈이 많다고 협동조합에 잔뜩 출자해서 이익을 보려고 한다면 잘못 생각하는 것입니다. 협동조합은 돈 많은 사람이 협동조합의 이익을 가로채는 것을 막고 조합원들의 이익을 보호하기 위해 이용 실적에 따라 이익을 배당하고 있으니까요.

주식회사는 덧셈의 원리,
협동조합은 곱셈의 원리

주식회사는 덧셈의 원리로 이해할 수 있습니다. 모든 사람의 이익을 합치면 전체의 이익이 된다는 것이 덧셈의 원리입니다.

주식회사의 이익을 한번 계산해 볼까요? 이 회사에 다섯 사람이 있다고 해 봅시다. 1번의 이익은 5, 2번의 이익은 7, 3번의 이익은 4, 4번의 이익은 1, 5번의 이익은 30이라고 한다면 이 회사 전체의 이익은 얼마가 될까요?

음…… 계산 다 했죠? 네, 맞습니다. 47입니다.

그런데 잘 보니 3번과 4번의 이익을 0으로 만들면 5번의 이익이 50으로 늘어나는 방법이 있다고 합니다. 그럼 전체 이익은 얼마가 되나요? 62가 되네요. 전체의 이익이 크게 늘었습니다.

어때요? 덧셈의 원리가 마음에 드나요? 5번의 이익이 크게 늘어나 전체의 이익이 늘어나는 대신, 3번과 4번은 큰 희생을 치러야 했습니다. 이익이 0이라니! 3번과 4번은 어떻게 먹고살아야 할까요? 하지만, 주식회사는 둘의 희생에 마음을 쓰기보다는 전체 이익의 합이 늘어난 것을 기뻐할 뿐입니다.

협동조합은 이와는 달리 곱셈의 원리로 이해합니다. 전체의 이익을 계산하려면 모든 사람의 이익을 곱해야 한다는 것입니다. 이게 무슨 말일까요?

앞에서 말한 두 번째 경우를 곱셈의 원리로 계산해 볼까요? $5 \times 7 \times 0 \times 0 \times 50 = ?$ 깊이 생각할 것도 없죠. 우리는 이 문제의 답을 1초도 걸리지 않아서 계산해 낼 수 있습니다. 곱셈에서는 중간에 0이 하나만 들어가도 0입니다. 다른 사람의 이익이 아무리 늘어나도 어떤 사람의 이익이 0이 된다면 전체의 이익은 0이 되어 버립니다.

협동조합은 전체의 이익을 늘린다는 평계로 누군가의 이익을 0으로 만든다면 그것은 모두에게 손해가 되는 것이라고 생각합니다.

 **주식회사는 1주1표, 협동조합은 1인1표**

주식회사는 주식을 많이 보유한 대주주들이 회사의

운영에 더 많은 영향력을 행사합니다.

예를 들어 5명의 사람이 주주총회에 참석했습니다. 1번, 2번, 3번, 4번은 각각 5개의 주식을 가지고 있습니다. 5번은 30개의 주식을 가지고 있습니다. 이번 총회의 안건은 '5번의 아들이 이 회사의 CEO가 될 것인가'입니다. 1번, 2번, 3번, 4번은 반대표를 던졌습니다. 5번은 찬성표를 던졌고요. 그럼 결과는 어떻게 될까요? 5번의 아들은 과연 CEO가 될 수 있을까요?

4명이 반대하고 1명이 찬성했어도 5번의 아들은 CEO가 될 수 있습니다. 주식회사는 1주1표입니다. 그러니까 1번부터 4번의 주식을 모두 합하면 20개, 그러므로 1번부터 4번의 반대표를 모두 합하면 20표입니다. 반대표는 모두 20개인 거죠. 그런데, 5번은 30개의 주식을 가지고 있으니 5번의 찬성은 합해서 30표의 효과가 있는 것입니다. 이 회사가 누구의 마음대로 움직이게 될지, 결과는 이미 정해진 것이나 다름없습니다.

그러나 협동조합은 1인1표의 원리로 움직입니다. 아무리 출자금을 많이 냈더라도, 아무리 활동을 열심히 하더라도, 무조건 1인1표입니다. 모든 사람의 의견이 똑같이 중요하고, 누구든 똑같은 권리를 갖는다는 민주주의 정신을 그대로 적용했기 때문입니다. 누군가가 돈이 많다고 해서, 조합 활동을 오랫동안 열심히 해 왔다고 해서 협동조합을 자기 마음대로 하는 것을 방지하기 위한 것이죠.

 최고 임금과 최저 임금, 얼마나 차이가 날까?

1965년 미국 최고 경영자의 평균 연봉은 노동자 소득의 20배인 81만 9천 달러였습니다. 2016년 최고 경영자들은 노동자의 296배에 달하는 연봉을 받고 있습니다. 상상해 보세요. 내가 296년 동안 벌어야 얻을 수 있는 소득을 우리 사장님은 1년에 벌어 가는 것입니다. 능력에 따라, 하는 일에 따라, 임금이 어느 정도 차이가 나는 것은 이해할 수 있습니다. 하지만, 296배라니요! 50년 사이에 격차가 150배 정도 벌어진 것입니다.

협동조합은 이와 같은 문제를 방지하기 위해 규칙을 정해 둡니다. 가장 많은 돈을 받는 사람의 임금이 가장 적은 돈을 받는 사람의 임금보다 몇 배 이상 커서는 안 된다는 규칙입니다. 협동조합마다 차이가 있기는 합니다만, 보통 6~9배 정도로 규정하고 있습니다.

곰곰 생각해 보기 직업의 사명

어떤 일이건 원래 그 직업이 갖고 있는 사명이 있습니다. 예를 들면 의사는 아픈 사람을 잘 돌보는 것이 사명입니다. 하지만 돈벌이가 더 중요해지면서 아픈 사람을 돌보는 원래의 사명은 뒷자리로 물러나게 되었습니다.

생활협동조합 덕분에 농민들이 안심하고 원래의 사명인 '건강한 먹거리 생산'에 최선을 다할 수 있게 된 것을 생각해 보세요. 의료협동조합은 '훌륭한 의사가 되어 인류를 질병의 고통에서 구하겠다'는 사명을 이룰 수 있도록 도와줍니다. 그렇습니다. 협동조합은 돈벌이라는 목적 때문에 뒷자리로 물러나게 되었던 원래의 사명을 되찾아 주는 데도 큰 도움이 됩니다.

지금 생각나는 직업들을 5개만 써 보세요. 이 직업의 원래 사명은 무엇이었을까요?

직업	원래의 사명

4
세계의 협동조합, 경쟁하지 않고 협동하면 무엇이 달라질까?

협동조합의 종류

협동조합에 어떤 종류가 있는지 살펴보면 협동조합에 대해 더 잘 알 수 있습니다. 어떤 협동조합부터 이야기해 볼까요?

 소비자협동조합이요!

좋아요. 소비자협동조합은 소비자들의 필요에 따라 뭉친 협동조합입니다. 앞에서 계란 파동이나 배추 파동을 이야기할 때 등장했던 생활협동조합은 가장 대표적인 소비자협동조합이에요. 소비자협동조합의 예를 더 찾아볼까요?

아메리카대륙 북쪽에 있는 나라, 캐나다에는 아주 유명한 등산용품 협동조합이 있습니다. 캐나다 젊은이 여섯 명이 처음 시작했다고 해요.

1970년대 무렵입니다. 캐나다는 산도 많고 등산 인구

도 꽤 되는데, 어찌된 일인지 등산용품이나 장비를 구하는 일이 쉽지 않았습니다. 등산용품의 품질도 좋지 않았고 가격도 비쌌죠. 그래서 캐나다 사람들은 어쩔 수 없이 미국에서 등산용품을 사다 쓰곤 했습니다.

그러던 어느 날, 같은 대학에 다니며 등산을 좋아하던 젊은이들은 '사람들에게 필요한 등산용품을 우리가 직접 구해다가 팔아도 되지 않을까' 하는 생각을 하게 됩니다. 그리고는 뜻을 같이한 여섯 명이 함께 돈을 모아 협동조합을 만들었습니다. MEC라는 이름의 협동조합인데요, 품질 좋은 등산용품을 싼 가격에 공급하기 시작하자 점점 입소문이 나면서 캐나다에서 큰 인기를 끌게 되었습니다. 게다가 환경에 해를 끼치는 물건을 판매하지 않는 등 환경 보호에도 힘을 썼습니다. 많은 사람들이 MEC의 뜻에 공감해서 조합원이 되었어요.

지금은 930만 명의 조합원이 소속되어 있는 대규모 협동조합으로 성장했지만, MEC 협동조합은 좋은 등산용품을 저렴한 가격에 공급하고 환경보호에도 힘쓰겠다고 처음에 한 약속을 지금껏 잘 지키고 있습니다. 더구나 MEC의 매장은 다른 건물보다 환경 친화적으로 지어져서 주변 건물들에 비해 에너지를 50% 정도밖에 사용하지 않는 것으로도 유명하다고 해요. 그런가 하면 스위스에서 가장 규모가 큰 소매유통 기업은 '미그로'인데, 이 또한 소비자들의 이익을 위해 만들어진 소비자협동조합입니다. 스위스 사람 세 명 가운데 한 명은 미그로 조합원이라고 하니 놀랍지 않나요? 또 어떤 협동조합이 있을까요?

 생산자협동조합이요!

그래요. 생산자협동조합은 생산자들의 필요에 따라 뭉친 협동조합입니다.

이번에도 예를 들어 볼게요. 우리나라는 맛있는 복숭아로 유명한데, 이 중에서 가장 유명한 복숭아 브랜드가 '햇사레'입니다. '햇살을 듬뿍 받고 잘 익은' 복숭아라는 의미를 담고 있는데, 이 햇사레도 협동조합 이름이에요. 경기도 장호원이나 충청북도 음성은 맛좋은 복숭아 생산으로 잘 알려진 지역입니다. 서로 지나친 경쟁으로 피해를 입는 일이 없도록, 그리고 함께 홍보하고 판매함으로써 서로에게 이익이 될 수 있도록 복숭아 생산자들이 협동조합을 만들었습니다. 지금은 경기도와 충청북도 지역의 복숭아 농가 2천 곳 정도가 햇사레 협동조합에 가입해 있다고 해요.

여러분도 잘 아는 서울우유는 서울우유 협동조합에서 만듭니다. 서울우유 협동조합은 우유 생산입자들이 힘을 합쳐 만든 생산자 협동조합니다. 바로 뒤에서 소개할 제스프리 키위 협동조합도 생산자협동조합이라는 것, 미리 기억해 놓으세요.

'언니네 텃밭'이라는 재미난 이름을 가진 협동조합도 있습니다. 농업 생산자들이 만든 협동조합 중 하나인데, 언니네 텃밭은 소비자들에게 텃밭 꾸러미를 판매하고 있어요. 텃밭 꾸러미에 어떤 것을 넣을지는 따로 정해 놓지 않습니다. 그때그때 농촌에서 생산되는 먹을거리를 요것조것 정성스럽게 꾸러미에 넣어서 보내 줍니다. 계란(계란이 많이 생산되는 계절에는 10개가 들어 있기도 하지

만, 더위나 추위, 조류 인플루엔자 등의 이유로 계란이 적게 생산되면 6개만 들어 있기도 합니다.), 두부, 여러 가지 채소, 김치나 밑반찬 등이 꾸러미에 들어 있습니다. 꾸러미에 담긴 채소를 이용한 요리 방법도 따로 적어서 보내 주지요.

 주는 대로 받으라니 너무한 것 아닌가요?

하하, 이런 질문이 나오는 것도 이해가 됩니다. 하지만 무엇이 들어 있는지 궁금해 하며 일주일에 한 번 선물 상자를 여는 마음으로 텃밭 꾸러미를 열어 보는 재미도 아주 쏠쏠하거든요. 언니네 텃밭에서 정성을 다해 보내 주고 있으니 마음 놓고 받아서 맛있게 먹는답니다.

언니네 텃밭에 생산자 조합원으로 가입해 있는 농민들은 판매처가 든든하게 보장되어 있으니 보다 마음 놓고 농사를 지을 수 있습니다. 생산자 조합원들은 서로 서로 도우며 이번 주 꾸러미에는 무엇을 넣으면 소비자들이 기뻐할까를 궁리하겠죠. 도시와 농촌이 서로 연결되며 신뢰를 쌓는 가운데, 생산자들은 소득이 보장되니 좋고, 소비자들은 믿을 수 있는 먹을거리를 정기적으로 공급받으니 좋아요. 모두 협동조합 덕분입니다.

 노동자협동조합과 금융협동조합은요?

노동자협동조합은 노동자들의 필요에 따라 뭉친 협동조합이겠죠? 가장 대표적인 노동자협동조합은 앞에서 소개한 스페인의 몬드라곤 협동조합입니다. 노동자협동조합이라 노동자들에게 좋은 일자리를 보장하는 것을 가장 우선으로 생각한다는 얘기, 기억나죠? 버스 기사들이 망해 가는 버스 회사를 인수하며 만든 협동조합도 노동자협동조합입니다.

일본에는 워커즈코프(workers coop) 협동조합이 있습니다. 40년 가까운 역사를 가진 워커즈코프 협동조합의 활동은 영화 〈워커즈〉로 소개되어 우리나라에서도 상영되면서 더욱 유명해졌어요. 특히 중장년층의 실업 문제를 해결하기 위해 만들어졌다고 합니다.

워커즈코프에서는 노인들을 위한 노인 보호 시설, 아동을 위한 아동 보호 시설 등을 설립하여 운영합니다. 돌봄 노동을 하는 노동자들이 설립한 노동조합인데, 노동자들이 스스로 일자리를 만들어 운영하기 때문에 부당 해고도 없고 비정규직도 없습니다. 임금도 협동조합 회의에서 스스로 결정합니다. 어떻게 하면 더 좋은 돌봄 서비스를 제공할 수 있을지, 마음을 모아 회의하고 정성을 다해 활동하는 모습을 영화 〈워커즈〉에서 생생하게 볼 수 있습니다. 일하는 사람들이 더 마음 놓고 정성을 다해 일할 수 있도록 지원하는 일터, 노동자협동조합이라서 가능한 일이지요.

금융협동조합은, 은행이 부자들에게만 좋은 조건으로 대출해 줄 뿐 정작 돈이 필요한 가난한 사람들은 외면하는 문제점을 해결하기 위해 만들어진 협동조합이에요. 혹시 동네에 '○○신용협동조합'이 있지 않나요? 줄여서 흔히 '○○신협'이라고 부릅니다. 여러분도 이제 협동조합에 대해 제법 알게 되었으니 곧바로 눈치챘겠죠? 예, 협동조합 맞습니다.

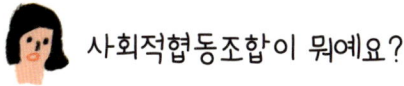 사회적협동조합이 뭐예요?

 사회적협동조합은 사회적으로 가치 있는 일을 하고 싶은 사람들이 모여서 만든 협동조합입니다. 예를 들면 장애인, 노인, 미혼모 등 사회적으로 어려운 상황에 놓여 있는 사람들에게 일자리를 제공하는 것이 목적이라면 사회적협동조합이라고 할 수 있습니다. 사람들의 삶의 질을 높여 주기 위한 것을 목적으로 할 때도 사회적협동조합이 될 수 있어요.

 '우리동생'이라는 협동조합이 있습니다. 협동조합으로 운영되는 동물병원이죠. 반려동물이 아파서 동물 병원에 데려갔다가 비싼 치료비에 깜짝 놀란 경험을 한 사람이 주변에 적지 않습니다. 그래서 병이 들면 버림을 받는 반려동물도 많이 있지요. 우리동생은 반려동물의 복지와 반려동물과 함께 사는 사람의 행복을 위해 만들어진 협동조합입니다.

 '민들레 의료복지협동조합'은 건강과 관련된 문제를 해결하기 위해서 의료인들과 주민들이 함께 설립한 사회적협동조합입니다.

 우리는 병원에 갈 일이 생길 때마다 당황스러울 때가

많아요. 어떤 병원을 가야 할지, 병원에서 권하는 치료는 적절한 것인지 잘 판단하기도 어렵습니다. 어떤 경우는 많은 돈이 들기도 하고, 필요도 없는 비싼 검사를 받아야 하기도 하지요. 오랜 시간 기다려서 겨우 의사를 만났지만, 의사는 3분도 안 되어 진료를 마칩니다.

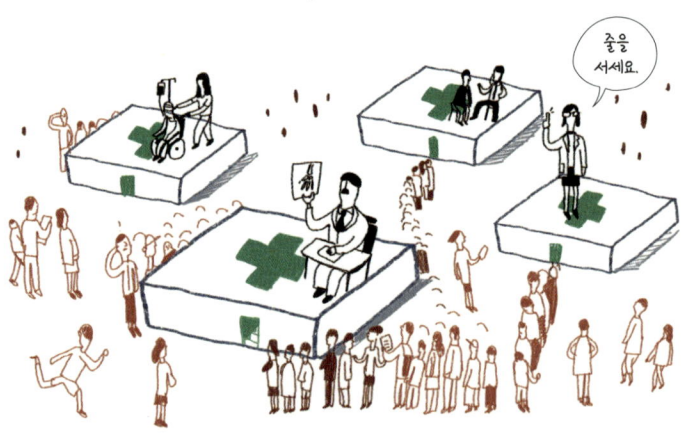

의료복지협동조합은 이런 문제를 해결하기 위해 설립되었어요. 병원을 찾아오는 환자 조합원들을 주치의처럼 책임지고 돌보아 줍니다. 어떤 치료가 돈벌이가 되는가를 따지기보다는 어떤 치료가 환자에게 도움이 되는가를 먼저 생각합니다. 병에 걸린 사람을 치료해 주는 일도 중요하지만, 건강한 생활 습관으로 질병을 예방하는 일이 더 중요하기에 건강교육에도 힘을 쏟습니다. 하지만 병원을 잘 운영해서 이익이 남아도 조합원들에게 이익금을 배당하지 않는 것이 특징입니다. 더 건강한 사회를 위해 이익금을 쓰는 방안을 협동조합 회의에서 결정한다고 해요.

그런가 하면 시각 장애인들의 경제적 자립을 위한 '맑은손공동체협동조합'도 있습니다. 시각 장애인들이 전문 안마사로 활동할 수 있는 여건을 마련하는 것을 가장 큰 목적으로 하고 있어요. 조합원들의 출자금과 서울시의 지원을 받아서 지압센터를 열고 전문 시각 장애인 안마사를 고용합니다.

그뿐 아니라 여러분이 자주 찾는 학교 매점도 협동조합으로 운영할 수 있습니다. 보통 학교 매점은 학교가 매점 경영자와 계약을 맺어 운영합니다. 많은 이익을 내고 싶은 매점 운영자들은 학생들의 건강에 좋지 않은 군것질 거리를 주로 판매합니다. 경쟁 상대가 없이 학교 안에서 독점해서 장사를 하다 보니 학생들에게 불친절합니다. 그러니 학교 안에 있을 뿐 학교 밖에 있는 상점들과 크게 다를 것이 없지요.

하지만 독산고등학교 매점은 좀 다릅니다. 서울에 있

는 독산고등학교 매점은 사회적협동조합 '독산누리'에서 운영하고 있습니다. 그래서 보통의 학교 매점에서 보는 것과는 전혀 다른 풍경들이 펼쳐집니다. 일단 학생들의 건강을 최우선으로 생각해서 건강에 좋은 먹을거리만을 취급하고 있죠.

운영은 학부모들이 맡고 있습니다. 어머니들이 맡고 계시니, 매점을 찾는 모든 학생들을 '엄마의 마음'으로 맞아 주시는 것도 다른 점입니다. 축구를 하고 싶으면 매점으로 가면 됩니다. 언제든지 축구공을 빌려 주거든요. 학생, 학부모, 선생님들이 조합원으로 가입해 활동하면서 다양한 이벤트와 재미있는 교육프로그램도 철마다 운영합니다. 물건을 팔아 이익을 남기는 것이 목적이 아니다 보니 좋은 제품을 저렴하게 판매할 수 있습니다. 독산고등학교의 매점처럼 사회적협동조합으로 운영되는 학교 매점은 앞으로도 계속 늘어갈 전망입니다. 여러분들이 중고등학교에 진학하면 협동조합에서 운영하는 학교 매점이 기다리고 있을지도 모르지요.

> **곰곰 생각해 보기 직업의 사명**
>
> 민주는 할머니와 단둘이 살면서 어렵게 생활하는 한 어린이 이야기를 텔레비전에서 보았습니다. 부모님이 안 계시거나 어려운 사정이 있어서 할아버지, 할머니와 함께 생활하는 가정을 '조손 가정'이라고 하는데, 이 조손 가정 가운데에는 형편이 정말 어려운 경우가 많다고 합니다. 민주는 앞으로 이런 조손 가정을 돕는 일을 해 보고 싶습니다. 특히 집이 너무 낡아서 춥고, 불편하고, 위험하기까지 하다고 하니 이 문제를 해결하는 일이 꼭 필요하다고 생각합니다. 뭔가 방법이 없을까요?
>
> ① 민주의 꿈을 이룰 방법, 어떤 것이 있을지 함께 생각해 봅시다.
> ② '이 문제가 해결된다면 세상이 더 좋은 곳이 될 것이다'라고 생각하는 문제가 있나요? 어떤 것인가요? 어떤 해결 방법이 있을까요? 문제를 전부 해결할 수 없더라도, 조금이라도 개선할 수 있는 방법을 생각해 봐요.

세계에는 어떤 협동조합이 있을까?

울산 현대, 수원 삼성…… 이 이름만 들어도 가슴 설레는 친구들도 많이 있을 것입니다. 우리나라의 프로축구팀 이름이지요.

그런데 이름을 좀 자세히 살펴볼까요? 울산, 수원 이런 것들은 지역 이름이라는 것을 알겠는데, 뒤에 붙은 현대, 삼성은 뭘까요? 그건 바로 축구 구단을 소유하고 있는 구단주들의 이름입니다. 축구공도 아니고, 축구단을 소유하려면 엄청나게 돈이 많아야 하겠죠? 그래서 프로축구팀의 구단주는 기업인 경우가 많습니다. 기업 입장에서는 자기 이름을 달고 있는 축구팀이 있다면 그 자체로 홍보도 되고, 축구팬이 자연스럽게 자기 기업의 팬이 될 수도 있고, 구단을 잘 운영하면 여기서도 돈을 벌 수 있으니 여러 모로 좋겠죠? 그래서 많은 기업들이 구단을 소유하고 있습니다. 이건 축구뿐만 아니라 야구를 비롯한 다른 프로 종목들에도 다 같이 해당되는 얘기예요. 우리나라뿐만 아니라 다른 나라들도 비슷비슷하답니다.

스페인의 협동조합 축구팀

그런데, 조금 다른 축구팀이 있어요. 축구를 좋아하는 친구라면 누구나 알고 있을 만한 팀이죠. FC 바르셀로나! 축구의 신 메시의 '고향 팀' FC 바르셀로나! 레알 마드리드와 함께 스페인 축구의 양대 산맥을 이루고 있는 축구팀입니다. 이 세계 최고의 축구팀이 협동조합이 운영하는 축구팀이라는 사실 알고 있나요?

FC 바르셀로나는 스페인의 바르셀로나를 연고지로 1899년에 창단된 축구팀입니다. 스페인 사람들의 축구 사랑 이야기는 어제 오늘 이야기가 아닌데요, 바르셀로나 시민들은 진정으로 바르셀로나를 대표하는 축구팀이 필요하다는 데 의견을 같이 했어요. 그래서 축구팀을 만들기로 했죠. 어느 특정 기업에 의해 좌지우지되지 않는 축구팀, 정말 축구를 사랑하는 축구팬들의 마음에 맞는 축구팀, 이런 축구팀을 만들기 위해 시민들은 협동조합을 만들고 출자금을 모아 팀을 창단한 거예요. 그게 바로 FC 바르셀로나랍니다.

　이 축구협동조합에 가입하려면 해마다 27만 원 정도의 조합비를 내면 누구나 조합원으로 가입할 수 있다고 해요. 꼭 스페인 사람이 아니어도 되고, 바르셀로나 시민이 아니어도 된답니다. 2010년 기준으로 조합원 수가 17만 5천 명 정도라는데, 이 가운데 약 3만 명은 스페인에 살고 있는 사람이 아니라고 하네요.

　FC 바르셀로나는 협동조합이기 때문에 구단주도 조합원들이 투표로 뽑습니다. 6년마다 한 번씩 투표를 해서 새로운 회장을 선출한다고 해요. 청소년을 위한 축구교실도 착실히 운영하고 있는데, 여기서 성장한 선수들이 FC 바르셀로나의 영웅이 되기도 하죠. 그 대표 사례가 바로 리오넬 메시이고요.

　2006년에는 유니세프 로고를 유니폼의 가슴에 새기고 경기에 출전한 일이 크게 화제가 되기도 했습니다. 유명 프로축구팀의 유니폼에 로고를 새기는 것은 광고 효과가 크기 때문에 프로축구 구단들은 비싼 값을 받고 유니폼에 기업의 로고를 새기거든요. 영국의 첼시가 한동안 삼성 로고를 유니폼에 달고 나왔던 것도 바로 이 때문이고요. 구단으로 보면 이건 정말 큰 돈벌이거든요. 그런데 FC 바르셀로나는 그 큰 돈벌이의 유혹을 뿌리치고 유니세프의 로고를 가슴에 달았던 것입니다. 에이즈에 걸린 전 세계 어린이들을 돕자는 유니세프의 캠페인에 공감했기 때문에 이 캠페인을 함께 하는 차원에서 유니폼에 유니세프의 로고를 새긴 거죠. 그리고 구단 차원에서 유니세프에 기부도 했다고 해요. 남들은 큰돈을 받고 광고를 해 주는데, FC 바르셀로니는 돈도 안 받고 오히려 돈을 내면서 광고를 해 준 것입니다. 돈벌이가 목적이 아니라 축구 사랑이 목적인 협동조합 축구팀이었기 때문에 가능한 일이었겠죠. 하지만 그 덕분에 FC 바르셀로나의 인기는 더 높아졌습니다. 축구만 잘하는 게 아니라 개념까지 탑재한 축구팀이라니!

키위 생산자들의 협동조합, 제스프리

키위 좋아하나요? 뉴질랜드에는 키위 협동조합 제스프리가 있습니다. 뉴질랜드는 키위 수출로 유명한 나라예요. 키위 농사에 적합한 자연 환경 덕분에 너도나도 키위 농사에 뛰어들었지요. 1970년대에는 6개밖에 없던 키위 수출업체가 1980년대가 되자 엄청난 수로 늘어났습니다. 이 업체들은 서로 자기 제품을 많이 팔기 위해 가격을 낮추는 경쟁을 벌이기 시작했어요. 가격을 낮추며 경쟁을 하다 보니 농사 수익은 점점 줄어들고, 키위의 품질은 떨어졌습니다. 그러니 가격은 더 낮추게 되고, 품질은 더 떨어지고, 수익은 더 줄어들고…… 이런 악순환이 그저 되풀이된 거죠. 그래서 키위 농민들은 협동조합을 만들어 대처하기로 마음먹었습니다. 서로 제 살 깎아 먹기 경쟁을 하기보다 공동으로 품질을 관리하고 공동으로 수출하기로 한 거예요.

　협동조합은 대성공이었습니다. 지금 제스프리는 세계 1위의 키위 브랜드로 성장했고, 전 세계 키위의 30%를 생산하고 있어요. 키위 농가들끼리 경쟁을 멈추고 협동을 선택한 덕분이죠. 제스프리는 2600여 개의 키위 농가가 함께 하는 기업형 협동조합입니다.

세계 최초의 협동조합, 로치데일

협동조합의 시작은 어디서부터일까요? 많은 사람들은 협동조합의 시작을 1844년 영국 로치데일 협동조합에서 찾고 있답니다.

1840년대, 영국은 한창 산업혁명이 진행 중이었어요. 산업혁명 이전에는 사람들은 주로 농사를 지어 먹고살았어요. 옷이나 신발 등 필요한 물건은 각 가정이나 동네의 작은 공장에서 손으로 직접 만들었죠. 산업혁명은 생산의 중심이 농업에서 공업으로 옮겨 간 것을 의미하는 말이에요. 과학기술이 발달하면서 기계를 이용해 물건을 생산할 수 있게 된 덕분이죠. 사람들은 일자리를 찾아 공장이 있는 도시로 몰려들었고, 공장에 취직해서 노동자가 되었습니다.

일자리를 원하는 사람들은 많고, 공장의 일자리는 그보다 부족했기 때문에 공장주들은 아주 싼값에 사람들을 고용했습니다. 임금이 너무 적다 보니 어른들만 일해서는 가족이 먹고살 수 없었기 때문에 아주 어린 아이들까지 공장에서 일을 해야만 했어요.

그런데 부자들은 공장에서 낮은 임금으로 사람들을

부려 큰돈을 벌면서도 또 다른 방법으로 돈을 벌었습니다. 생활에 필요한 여러 가지 물건들을 아주 비싸게 팔았던 거죠. 사람들은 돈이 없으니 외상으로 물건을 샀고, 월급을 받으면 외상을 갚았습니다. 외상을 갚고 나면 돈이 없으니 다시 외상으로 물건을 사는 악순환이 계속되었어요. 버는 돈은 적은데 물건값은 턱없이 비싸니 당연한 결과였죠.

게다가 판매하는 물건의 질도 매우 떨어졌습니다. 밀가루에는 분필가루 같은 것이 들어가 있고, 차를 사면 이것저것 불순물이 섞여 있었죠. 그래도 어쩔 수가 없다고 생각하며 하루하루 어려운 생활을 버티고 있었어요.

이런 상황을 어떻게든 해결해 보고자 몇몇 사람들이 나섰습니다. '우리에게 필요한 물건을 우리 스스로 판매하면 어떨까? 정직한 물건을 정직한 가격에 판매한다면 얼마나 좋을까?'하는 생각을 하게 된 거예요.

그런데 가게를 차리려면 일단 돈이 필요했습니다. 하루 벌어 하루 먹고살기도 어려운데 어디서 가게를 차릴 돈을 구할 수 있을까요? 사람들은 궁리 끝에 한 사람이 6개월 동안 1파운드를 모아 오기로 했습니다. 28명의 사람들이 6개월 뒤에 1파운드씩을 모으는 데 성공했고, 그렇게 해서 모인 돈 28파운드를 밑천으로 가게를 차릴 수 있었죠. 1844년, 세계 최초로 로치데일 소비자협동조합이 만들어진 것입니다.

처음에는 어려움이 아주 많았다고 해요. 가난한 사람들을 상대로 비싼 값에 물건을 팔며 큰 이익을 보고 있었던 부자들은 노동자들이 만든 가게가 성공하기를 바라지 않았기 때문에 여러 방법으로 훼방을 놓았습니다. 일단 가게를 구하기도 어려웠고, 가게에 갖다 놓고 팔 물건을 구하기도 어려웠어요. 부자들의 눈치를 본 상인들이 그들에게 물건을 공급해 주지 않았기 때문이지요. 그래서 아주 멀리까지 수레를 끌고 가서 버터, 설탕, 밀가루, 양초 등의 물건을 구해 와서 팔아야만 했습니다.

하지만 로치데일 협동조합은 인기가 많았습니다. 협동조합에서 운영하는 가게의 물건은 믿을 만한데다가,

가격도 쌌거든요. 로치데일 협동조합은 소비자들이 필요해서 만든 협동조합이기 때문에 물건값을 비싸게 받을 이유도, 밀가루에 분필 가루를 섞을 이유도 없었으니까요. 점점 더 많은 사람들이 협동조합에 가입했고, 사람들은 어렵게 번 돈을 턱없이 비싼 값을 주고 물건을 사는 데 쓰지 않아도 되니 형편도 점점 좋아졌어요. 게다가 가게를 운영해서 생긴 이익금을 조합원들에게 나누어 주니까 수입도 늘어났죠. 어려운 형편에도 힘을 모아 서로 협동한 덕분이었죠. 이후 많은 사람들이 로치데일 협동조합을 따라하게 되면서 전 세계에 수많은 협동조합이 생겨나게 된 것입니다.

글을 마치며

'나'보다 '우리'가 똑똑하다

　슬픈 일이지만, 우리 사회는 경쟁에서 이겨야 잘 살 수 있다는 믿음이 널리 퍼져 있습니다. 남보다 앞서나가고 남보다 뛰어나야 이 힘든 세상을 살아갈 수 있다고 많은 이들이 생각합니다. 남을 이겨야 살아남을 수 있다는 생각이 널리 퍼진 사회에서는 여러 가지 문제들이 생깁니다.

　기업은 가격을 낮추기 위해 노동자들의 임금을 낮춥니다. 그나마 있는 일자리도 줄여 생산비용을 낮추려고 합니다. 열 명이 하던 일을 여덟 명이 하게 되면 두 명의 임금이 절감되니까요. 하지만, 임금이 낮아지고 일자리가 없어지고 열 명이 하던 일을 여덟 명이 하면서 우리의 삶의 질은 낮아질 수밖에 없습니다. 전보다 더 열심히 일하는데도 마음 놓고 먹고살기가 어렵습니다. 일이 점점 힘들어지고 일하는 시간이 늘어나니 가족과 시간을 보내기도 어려워집니다. 이렇게 고통스럽다는 사실을 모두가 잘 알고 있는데도 멈추지 못하는 이유는, 그래도 경쟁에서 살아남아야 한다는 논리가 우리를 지배하고 있기 때문입니다.

농업 생산자들은 경쟁에서 살아남기 위해 생산비를 줄이려고 애를 씁니다. 먹음직스러워 보이는 과일을 생산하기 위해 농약을 대량으로 뿌립니다. 농약을 사용한 농산물은 그것을 먹는 사람의 건강에도 해롭지만, 생산자들의 건강도 해칩니다. 환경도 망가집니다. 모두에게 해롭다는 사실을 알면서도 그것을 멈추지 못하는 것은, 경쟁에서 살아남기 위해서는 그것밖에는 길이 없다는 생각을 하고 있기 때문입니다.

우리 사회 어떤 분야에도 경쟁의 논리가 파고들지 않은 곳이 없습니다. 그리고 우리는 그것을 당연하게 받아들이며 살아왔습니다. 이대로 계속될 수밖에 없다면, 그건 너무 슬프고 참담한 일입니다.

하지만 다행스럽게도 다른 길이 있습니다. 지금까지

우리는 협동과 협동조합에 대해 알아보는 긴 여정을 함께 했습니다. 협동과 협동조합 이야기를 통해 혼자만 잘 사는 길 말고, 함께 잘 사는 길이 있지 않을까, 생각해 보는 계기가 되었으면 좋겠습니다. 이 글을 읽는 독자 친구들 모두가 우리에게 경쟁 말고 다른 길이 있다는 점을 깨닫기를 바라는 마음, 절실합니다.

지금 우리가 사는 세상은 빠르게, 그리고 근본적으로 변화하고 있습니다. 이 변화의 끝이 어떤 모습일지 우리는 알지 못합니다. 하지만 확실한 것 하나! 정해진 미래는 없다는 점입니다. 미래는 우리가 만들어가는 것입니다. 우리의 선택 하나하나가 미래를 만들어갑니다.

- 세상에는 20만 개의 직업이 있다!
- 그러나 부모님이 원하는 직업은 겨우 20개!
- 그나마도 인공지능이 발달하면서 수많은 직업들이 사라지고 있다!

그렇다면 우리는 어떻게 해야 할까요? 결국 우리 스스로에 대한 믿음이 가장 중요하지 않을까요? 우리는 잘 선택할 것이라는 믿음, 우리가 원하는 미래를 우리가 잘 만들어 나갈 것이라는 믿음, 우리 앞에 펼쳐진 미래는 결국 더 아름다운 세상이 될 것이라는 믿음, 그것을 가능하게 하는 힘은 서로 협동하는 인류의 재능이 아닐까요?

상대방을 밀치고 내가 꼭대기로 올라가려는 선택 말고, 그러다 나마저 벼랑으로 떨어지는 그런 선택 말고, 상대방을 믿고 서로 협동하면서, 우리 모두 함께 잘 사는 세상으로 가는 선택을 우리는 할 수 있을 거예요. 협동과 협동조합에 대해 알아본 이 시간들은 우리가 좋은 선택을 하기 위한 첫걸음이라고 생각해요. 이것을 시작으로 인류의 더 많은 지혜를 배우고, 서로의 마음을 모아 함께 가요, 우리.

정말 좋은 소식 하나.
변화는 이미 시작되었고, 많은 사람들이 이미 경쟁보다는 협동을 선택했다는 거죠.